图书在版编目（CIP）数据

材料与工具：传统学术的改造 / 傅斯年著 . -- 北
京：中国文史出版社，2018.6

（文史存典系列丛书 . 史学卷）

ISBN 978-7-5205-0187-3

Ⅰ . ①材… Ⅱ . ①傅… Ⅲ . ①历史—研究方法 Ⅳ .
① K061

中国版本图书馆 CIP 数据核字（2018）第 053676 号

出 品 人：刘未鸣	责任编辑：窦忠如 刘华夏
策 划 人：窦忠如	责任校对：程铁柱
装帧设计：润一文化	实习编辑：孟凡龙 王 丰

出版发行：**中国文史出版社**

社 址：北京市西城区太平桥大街 23 号 邮编：100811

电 话：010—66173572 66168268 66192736（发行部）

传 真：010—66192703

印 装：廊坊市海涛印刷有限公司

经 销：全国新华书店

开 本：720 毫米 ×889 毫米 1/16

印 张：15.75

字 数：203 千字

版 次：2018 年 7 月北京第 1 版

印 次：2018 年 7 月第 1 次印刷

定 价：72.00 元

《文史存典系列丛书》学术顾问委员会

（按照姓氏笔画排序）

出版说明

　　中华民族历史悠久，文化源远流长，各个领域都熠熠闪光，文史著述灿若星辰。遗憾的是，"五四"以降，中华传统文化被弃之如敝屣，西风一度压倒东风。"求木之长者，必固其根本；欲流之远者，必浚其泉源。"中华优秀传统文化是中华民族的精神命脉，也是我们在激荡的世界文化中站稳脚跟的坚实根基。因此，国人需要文化自觉的意识与文化自尊的态度，更需要文化精神的自强与文化自信的彰显。有鉴于此，我社以第五编辑室为班底，在社领导的统筹安排下，在兄弟编辑室的通力合作下，在文化大家与学术巨擘的倾力襄助下，耗时十三个月，在浩如烟海的近代经典文史著述中，将这些文史大家的代表作、经典等遴选结集出版，取名《文史存典系列丛书》（拟10卷），每卷成立编委会，特邀该领域具有标志性、旗帜性的学术文化名家为主编。

　　"横空盘硬语，妥帖力排奡。"经典不是抽象的符号，而是一篇一篇具体的文章，有筋骨、有道德、有温度，更有学术传承的崇高价值。此次推出第一辑五卷，包括文物卷、考古卷、文化卷、建筑卷、史学卷。文物卷特请谢辰生先生为主编，透过王国维、傅增湘、朱家溍等诸位先生的笔端，撷取时光中的吉光片羽，欣赏人类宝贵的历史文化遗产；考古卷特请刘庆柱先生为主编，选取梁思永、董作宾、曾昭燏先生等诸位考古学家的作品，将历史与当下凝在笔端，化作一条纽带，让我们可以触摸时空的温度；文化卷特请冯骥才先生为主编，胡适、陈梦家、林语堂等诸位先生的笔锋所指之处，让内心深处发出自我叩问，于夜阑人静处回响；建筑卷特请吴良镛先生为主编，选取梁思成、林徽因、刘敦桢等诸位哲匠的作品，遍览亭台、楼榭、古城墙，感叹传统建筑工艺的"尺蠖规矩"；史学卷特请李学勤先生为主编，跟随梁启超、陈寅恪、傅斯年等诸位史学大家的笔尖游走在历史的长河中，来一番对悠悠岁月的探源。

　　需要说明的是，限于我们编辑的学识，加之时间紧促等缘故，遴选的文章未必尽如人意，编选体例未必尽符规律，编校质量未必毫无差错，但是谨慎、认真、细致与用心是我们编辑恪守的宗旨，故此敬请方家不吝指谬。

中国文史出版社

2018年4月16日

目 录

历史语言研究所工作之旨趣 / 1

史料论略 / 12

中国学术思想界之基本误谬 / 55

中国历史分期之研究 / 64

中国文学史分期之研究 / 73

评丁文江的《历史人物与地理的关系》/ 79

与顾颉刚论古史书 / 97

戏论一（未刊稿）/ 127

论所谓五等爵 / 132

《新获卜辞写本后记》跋 / 158

中西史学观点之变迁（未刊稿）/ 198

附录：故书新评

出版界评 / 208

故书新评 / 218

故书新评 / 236

历史语言研究所工作之旨趣

　　历史学和语言学在欧洲都是很近才发达的。历史学不是著史：著史每多多少少带点古世中世的意味，且每取伦理家的手段，作文章家的本事。近代的历史学只是史料学，利用自然科学供给我们的一切工具，整理一切可逢着的史料，所以近代史学所达到的范域，自地质学以至目下新闻纸，而史学外的达尔文论正是历史方法之大成。欧洲近代的语言学在梵文的发见影响了两种古典语学以后才降生，正当18、19世纪之交。经几个大家的手，印度日耳曼系的语言学已经成了近代学问最光荣的成就之一个，别个如赛米的系，芬匈系，也都有相当的成就，即在印度支那语系也有有意味的揣测。19世纪下半的人们又注意到些个和欧洲语言全不相同的语言，如黑人的话等等，"审音之功"更大进步，成就了甚细密的实验语音学，而一语里面方言研究之发达，更使学者知道语言流变的因缘，所以以前比较言语学尚不过是和动物植物分类学或比较解剖学在一列的，最近一世语言学所达到的地步，已经是生物发生学、环境学、生理学了。无论综比的系族语学，如印度日耳曼族语学等，或各种的专语学，如日耳曼语学、芬兰语学、伊斯兰语学等，在现在都成大国。本来语言即是思想，一个民族的语言即是这一个民族精神上的富有，所以语言学总是一个大题目，而直到现在的语言学的成就也很能副这一个大题目。在历史学和语言学发达甚后的欧洲是如此，难道在这些学问发达甚早的中国，必须看着他荒废，我们不能制造别人的原料，便是自己的原料也让别人制造吗？

论到语言学和历史学在中国的发达是很引人寻思的。西历纪元前两世纪的司马迁，能那样子传信存疑以别史料，能作八书，能排比列国的纪年，能有若干观念比19世纪的大名家还近代些。北宋的欧阳修一面修《五代史》，纯粹不是客观的史学，一面却作《集古录》，下手研究直接材料，是近代史学的真工夫。北南宋的人虽然有欧阳修的《五代史》，朱熹的《纲目》，是代表中世古世的思想的，但如司马光作《通鉴》，"编阅旧史，旁采小说"，他和刘攽刘恕范祖禹诸人都能利用无限的史料，考定旧记，凡《通鉴》和所谓正史不同的地方每多是详细考定的结果，可惜《长篇》不存在，我们不得详细看他们的方法，然尚有《通鉴考异》说明史料的异同。宋朝晚年一切史料的利用，及考定辨疑的精审，有些很使人更惊异的。照这样进化到明朝，应可以有当代欧洲的局面了，不幸胡元之乱，明朝人之浮夸，不特不进步，或者退步了。明清之交，浙东的史学派又发了一个好端涯，但康熙以后渐渐的熄灭，无论官书和私著，都未见得开新趋向，这乃由于外族政府最忌真史学发达之故。语言学中，中国虽然没有普日尼，但中国语本不使中国出普日尼，而中国文字也出了《说文解字》，这书虽然现在看来只是一部没有时代观念，不自知说何文解何字的系统哲学，但当年总是金声天振的书，何况还有认识方言的辎轩使者？古代的故事且少论，论近代：顾炎武搜求直接的史料订史文，以因时因地的音变观念为语学，阎若璩以实在地理订古记载，以一切比核辨证伪孔，不注经而提出经的题目，并解决了他，不著史而成就了可以永远为法式的辨史料法。亭林、百诗这样对付历史学和语言学，是最近代的：这样立点便是不朽的遗训。不幸三百年前虽然已经成就了这样近代的一个遗训，一百多年前更有了循这遗训的形迹而出的好成就，而到了现在，除零零星星几个例外以外，不特不因和西洋人接触，能够借用新工具，扩张新材料，反要坐看修元史修清史的做那样官样形式文章，又坐看章炳麟君一流人尸学问上的大权威。章氏在文字学以外是个文人，在文字学以内做了一部《文始》，一步倒退过孙诒让，再步倒退过吴大澂，三步倒退过阮元，不特自己不能用新材料，即是别人已经开头用了的新材料，他还抹杀着，至于那部《新方言》，东西南北的猜去，何尝寻扬雄就一字因地变异作观察？这么竟倒退过二千多年了。

　　推绎说去，为甚么在中国的历史学和语言学开了一个好的端绪以后，不能随时发展，到了现在这样落后呢？这原故本来显然，我们可以把一句很平实的话作一个很概括的标准。（一）凡能直接研究材料，便进步，凡间接的研究前人所研究或前人所创造之系统，而不繁丰细密的参照所包含的事实，便退步。上项正是所谓科学的研究，下项正是所谓书院学究的研究，在自然科学是这样，在语言学和历史学亦何尝不然？举例说，以《说文》为本体，为究竟，去作研究的文字学，是书院学究的作为，仅以《说文》为材料之一种，能充量的辨别着去用一切材料，如金文、甲骨文等，因而成就的文字学，乃是科学的研究。照着司马子长的旧公式，去写纪表书传，是化石的史学，能利用各地各时的直接材料，大如地方志书，小如私人的日记，远如石器时代的发掘，近如某个洋行的贸易册，去把史事无论巨者或细者，单者或综合者，条理出来，是科学的本事。科学研究中的题目是事实之汇集，因事实之研究而更产生别个题目。所以有些从前世传来的题目经过若干时期，不是被解决了，乃是被解散了，因为新的事实证明了旧来问题不成问题，这样的问题不管他困了多少年的学者，一经为后来发见的事实所不许之后，自然失了他的成为问题之地位。破坏了遗传的问题，解决了事实逼出来的问题，这学问自然进步。譬如两部《皇清经解》，其中的问题是很多的，如果我们这些以外不再成题目，这些以内不肯捐弃任何题目，自然这学问是静止的，是不进步的。一种学问中的题目能够新陈代谢，则所得结果可以层层堆积上去，即使年代久远，堆积众多，究竟不觉得累赘，还可以到处出来新路，例如很发达的天文物理化学生物等科目；如果永远盘桓于传留的问题，旧题不下世，新题不出生，则结果直是旋风舞而已，例如中国的所谓经学中甚多题目，如西洋的哲学。所以中国各地零零碎碎致力于历史或语言学范围内事的人也本不少，还有些所谓整理国故的工作，不过每每因为所持住的一些题目不在关键中，换言之，无后世的题目，或者是自缚的题目，遂至于这些学问不见奔驰的发展，只表昏黄的残缺。（二）凡一种学问能扩张他所研究的材料便进步，不能的便退步。西洋人研究中国或牵连中国的事物。本来没有很多的成绩，因为他们读中国书不能亲切，认中国事实不能严辨，所以关于一切文字审求、文籍考订、史事辨别，等等，在他们永远一筹莫展，但他们却有些地方比我们范围来得宽些。我们中国人多是不会解决史籍上的四裔问题的，丁谦君的《诸史外国传考证》远不如沙万君之译外国传，玉连之解《大唐西域记》，高几耶之注《马哥博罗游记》，米勒之发读回纥文书，这都不是中国人现在已经办到的。凡中国人所忽略。如匈奴，鲜卑，突厥，回纥，契丹，女真，蒙古，满洲等问题，在欧洲人却施格外的注意。说句笑话，假如中国学是汉学，为此学者是汉学家，则西洋人治这些匈奴以来的问题岂不是虏学，治这学者岂不是虏学家吗？然而也许汉学之发达有些地方正借重虏学呢！又如最有趣的一些材料，如神祇崇拜，歌谣，民俗，各地各时雕刻文式之差别，中国人把他们忽略了千百年，还是欧洲人开头为有规模的注意。零星注意中国向来有的。西洋人作学问不是去读书，是动手动脚到处寻找新材料，随时扩大旧范围，所以这学问才有四方的发展，向上的增高。中国文字学之进步，正因为《说文》之研究消灭了汗简，阮、吴诸人金文之研究识破了《说文》，近年孙诒让、王国维等之殷文研究更能继续金文之研究。材料愈扩充，学问愈进步，利用了档案，然后可以订史，利用了别国的记载，然后可以考四裔史事。在中国史学的盛时，材料用得还是广的，地方上求材料，刻文上抄材料，档库中出材料，传说中辨材料，到了现在，不特不能去扩张材料，去学曹操设"发冢校尉"，求出一部古史于地下遗物，就是"自然"送给我们的出土的物事，以及敦煌石藏，内阁档案，还由他毁坏了好多，剩下的流传海外，京师图书馆所存摩尼经典等等良籍，还复任其搁置，一面则谈整理国故者人多如鲫，这样焉能进步？（三）凡一种学问能扩充他作研究时应用的工具的，则进步，不能的，则退步。实验学家之相竞如斗宝一般，不得其器，不成其事，语言学和历史学亦复如此。中国历来的音韵学者审不了音，所以把一部《切韵》始终弄不甚明白，一切古音研究仅仅以统计的方法分类，因为几个字的牵连，使得分类上各家不同，即令这些分类有的对了，也不过能举其数，不能举其实，知其然不知其所以然，如钱大昕论轻唇、舌上古来无之，乃自重唇舌头出，此言全是，然何以重唇分出一类为轻唇，舌头分出一类为舌上，竟不是全部的变迁，这层道理非现在审音的人不能明白，钱君固说不出。若把一个熟习语音学的人和这样一个无工具的研究者比长短，是没法子竞争的。又如解释隋唐音，西洋人之知道梵音的，自然按照译名容易下手，在中国人本没有这个工具，又没有法子。又如西藏，缅甸，暹罗等语，实在和汉语出于一语族，将来以比较言语学的方法来建设中国古代言语学，取资于这些语言中的印证处至多，没有这些工具不能成这些学问。又如现代的历史学研究已经成了一个各种科学的方法之汇集。地质、地理、考古、生物、气象、天文等学，无一不供给研究历史问题者之工具。顾亭林研究历史事迹时自己观察地形，这意思虽然至好，但如果他能有我们现在可以向西洋人借来的一切自然科学的工具，成绩岂不更卓越呢？若干历史学的问题非有自然科学之资助无从下手，无从解决。譬如春秋经是不是终于获麟，左氏经后一段是不是刘歆所造补，我们正可以算算哀公十四年之日食是不是对的，如不对，自然是伪作，如对了，自然是和获麟前春秋文同出史所记。又譬如我们要掘地去，没有科学资助的人一铲子下去，损坏了无数古事物，且正不知掘准了没有，如果先有几种必要科学的训练，可以一层一层的自然发现，不特得宝，并且得知当年入土之踪迹，这每每比所得物更是重大的智识。所以古史学在现在之需用测量本领及地质气象常识，并不少于航海家。中国史学者先没有这些工具，那能使得史学进步？无非靠天帮忙，这里那里现些出土物，又靠西洋人的腿，然而却又不一定是他们的脑袋，找到些新材料而已。整理自己的物事的工具尚不够，更说不上整理别人的物事，如希拉艺术如何影响中国佛教艺术，中央亚细亚的文化成分如何影响到中国的物事，中国文化成分如何由安西西去，等等，西洋的东方学者之拿手好戏，日本近年也有竟敢去干的，中国人目前只好拱手谢之而已。

由上列的三项看来，除几个例外算，近几世中中国语言学和历史学实不大进步，其所以如此，自是必然的事实。在中国的语言学和历史学当年之有光荣的历史，正因为能开拓的用材料，后来之衰歇，正因为题目固定了，材料不大扩充了，工具不添新的了。不过在中国境内语言学和历史学的材料是最多的，欧洲人求之尚难得，我们却坐看他毁坏亡失。我们着实不满这个状态，着实不服气，就是物质的原料以外，即便学问的原料，也被欧洲人搬了去乃至偷了去。我们很想借几个不陈的工具，处治些新获见的材料，所以才有这历史语言研究所之设置。

我们宗旨第一条是保持亭林、百诗的遗训。这不是因为我们震慑于大权威，也不是因为我们发什么"怀古之幽情"。正因为我们觉得亭林、百诗在很早的时代已经使用最近代的手段，他们的历史学和语言学都是照着材料的分量出货物的。他们搜寻金石刻文以考证史事，亲看地势以察古地名。亭林于语言按照时和地变迁的这一个观念看得颇清楚，百诗于文籍考订上成那么一个伟大的模范著作，都是能利用旧的新的材料，客观地处理实在问题，因解决之问题更生新问题，因问题之解决更要求多项的材料。这种精神在语言学和历史学里是必要的，也是充足的。本这精神，因行动扩充材料，因时代扩充工具，便是惟一的正当路径。

宗旨第二条是扩张研究的材料。

第三条是扩张研究的工具。这两层的理由上文中已叙说，不再重复了。这三件实在是一句话，没有客观地处理史学或语言学的题目之精神，即所谓亭林、百诗的遗训者，是不感觉着扩充材料之必要，且正也扩充不了，若不扩张工具，也不能实现这精神，处置这材料。

关于我们宗旨的负面还有几句话要说。

（一）我们反对"国故"一个观念。如果我们所去研究的材料多半是在中国的，这并不是由于我们专要研究"国"的东西，乃是因为在中国的材料到我们的手中方便些，因为我们前前后后对于这些材料或已经有了些研究，以后堆积上研究去方便些，好比在中国的地质或地理研究所所致力的，总多是些中国地质地理问题，在中国的生物研究所所致力的，总多是些中国生物问题，在中国的气象研究所所致力的，总是些中国各地气象观察。世界中无论那一种历史学或那一种语言学，要想做科学的研究，只得用同一的方法，所以这学问断不以国别成逻辑的分别，不过是因地域的方便成分工。国故本来即是国粹，不过说来客气一点儿，而所谓国学院也恐怕是一个改良的存古学堂。原来"国学"、"中国学"等等名词，说来都甚不详，西洋人造了支那学"新诺逻辑"一个名词，本是和埃及脱逻辑亚西里亚逻辑同等看的，难道我们自己也要如此看吗？果然中国还有将来，为什么算学、天文、物理、化学等等不都成了国学，为什么国学之下都仅仅是些言语、历史、民俗等题目？且这名词还不通达，取所谓国学的大题目在语言学或历史学的范围中的而论，因为求这些题目之解决与推进，如我们上文所叙的，扩充材料，扩充工具，势必至于弄到不国了，或不故了，或且不国不故了。这层并不是名词的争执，实在是精神的差异之表显。（二）我们反对疏通，我们只是要把材料整理好，则事实自然显明了。一分材料出一分货，十分材料出十分货，没有材料便不出货。两件事实之间，隔着一大段，把他们联络起来的一切涉想，自然有些也是多多少少可以容许的，但推论是危险的事，以假设可能为当然是不诚信的事。所以我们存而不补，这是我们对于材料的态度；我们证而不疏，这是我们处置材料的手段。材料之内使他发见无遗，材料之外我们一点也不越过去说。果然我们同人中也有些在别处发挥历史哲学或语言泛想，这些都仅可以当作私人的事，不是研究所的工作。（三）我们不做或者反对所谓普及那一行中的工作。近百年中，拉丁文和希腊文在欧洲一般教育中之退步，和他们在学问上之进步，恰恰成正比例，我们希望在中国也是如此。现在中国希望制造一个新将来，取用材料自然最重要的是欧美的物质文明，即物质以外的东西也应该取精神于未衰败的外国。历史学和语言学之发达自然于教育上也有相当的关系，但这都不见得即是什么经国之大业不朽之盛事，只要有十几个书院的学究肯把他们的一生消耗到这些不生利的事物上，也就足以点缀国家之崇尚学术了——这一行的学术。这个反正没有一般的用处，自然用不着去引诱别人也好这个，如果一旦引了，不特有时免不了致人于无用，且爱好的主观过于我们的人进来时，带进了些乌烟瘴气，又怎么办？

这个历史语言研究所本是大学院院长蔡先生委托在广州的三人筹备的，现在正计划和接洽应举的事，已有些条随着人的所在小小动手，却还没有把研究所的大体设定。稍过些时，北伐定功，破虏收京之后，这研究所的所在或者一部分在广州一部分在北京，位置的方便供给我们许多工作进行的方便。我们最要注意的是求新材料，第一步想沿京汉路，安阳至易州，安阳殷墟以前盗出之物并非彻底发掘，易州、邯郸又是燕赵故都，这一带又是卫邶故域。这些地方我们既颇知其富有，又容易达到的，现在已着手调查及布置，河南军事少静止，便结队前去。第二步是洛阳一带，将来一步一步的西去，到中央亚细亚各地，就脱了纯中国材料之范围了。为这一些工作及随时搜集之方便，我们想在洛阳或西安、敦煌或吐鲁番、疏勒，设几个工作站，"有志者事竟成"！因为广州的地理位置，我们将要设置的研究所要有一半在广州，在广州的四方是最富于语言学和人类学的材料，汉语将来之大成全靠各种方言之研究，广东省内及邻省有很多种的方言，可以每种每种的细细研究，并制定表式，用语音学帮助，作比较的调查。至于人类学的材料，则汉族以外还有几个小民族，汉族以内，有几个不同的式和部居，这些最可宝贵的材料怕要渐渐以开化和交通的缘故而消灭，我们想赶紧着手采集。我们又希望数年以后能在广州发达南洋学：南洋之富于地质生物的材料，是早已著明的了。南洋之富于人类学材料，现在已渐渐为人公认。南洋学应该是中国人的学问，因为南洋在一切意义上是"汉广"。总而言之，我们不是读书的人，我们只是上穷碧落下黄泉，动手动脚找东西！

现因我们研究所之要求及同人之祈向，想次第在两年以内设立下列各组；各组之旨趣及计划，以后分别刊印。

一、文籍考订；

二、史料征集；

三、考古；

四、人类及民物；

五、比较艺术。

以上历史范围。

六、汉语；

七、西南语；

八、中央亚细亚语；

九、语言学。

以上语言范围。

历史学和语言学发展到现在，已经不容易由个人作孤立的研究了，他既靠图书馆或学会供给他材料，靠团体为他寻材料，并且须得在一个研究的环境中，才能大家互相补其所不能，互相引会，互相订正，于是乎孤立的制作渐渐的难，渐渐的无意谓，集众的工作渐渐的成一切工作的样式了。这集众的工作中有的不过是几个人就一题目之合作，有的可就是有规模的系统研究。无论范围大小，只要其中步步都是做研究工夫的，便不会流成"官书"的无聊。所有这些集众工作的题目及附带的计划，后来随时布白。希望社会上欣赏这些问题，并同情这样工作的人多多加以助力！果然我们动手动脚得有结果，因而更改了"读书就是学问"的风气，虽然比不得自然科学上的贡献较为有益于民生国计，也或者可以免于妄自生事之讥诮罢！我们高呼：

一、把些传统的或自造的"仁义礼智"和其他主观，同历史学和语言学混在一气的人，绝对不是我们的同志！

二、要把历史学语言学建设得和生物学地质学等同样，乃是我们的同志！

三、我们要科学的东方学之正统在中国！

中央研究院历史语言研究所筹备处

中华民国十七年五月　广州

（原载1928年10月《国立中央研究院历史语言研究所集刊》第一本第一分）

史料论略

我们在上章讨论中国及欧洲历史学观念演进的时候，已经归纳到下列的几个结论：

一、史的观念之进步，在于由主观的哲学及伦理价值论变做客观的史料学。

二、著史的事业之进步，在于由人文的手段，变做如生物学地质学等一般的事业。

三、史学的对象是史料，不是文词，不是伦理，不是神学，并且不是社会学。史学的工作是整理史料，不是作艺术的建设，不是做疏通的事业，不是去扶持或推倒这个运动，或那个主义。

　　假如有人问我们整理史料的方法，我们要回答说：第一是比较不同的史料，第二是比较不同的史料，第三还是比较不同的史料。假如一件事只有一个记载，而这个记载和天地间一切其他记载（此处所谓记载，不专指文字，犹史料之不以文字为限）不相干，则对这件事只好姑信姑疑，我们没有法子去对他做任何史学的工夫。假如天地间事都是这样，则没有一切科学了，史学也是其一。不过天地间事并不如此。物理化学的事件重复无数，故可以试验，地质生物的记载每有相互的关系，故有归纳的结论。历史的事件虽然一件事只有一次，但一个事件既不尽止有一个记载，所以这个事件在或种情形下，可以比较而得其近真；好几件的事情又每每有相关联的地方，更可以比较而得其头绪。

　　在中国详述比较史料的最早一部书，是《通鉴考异》。这是司马君实领着刘攽、刘恕、范祖禹诸人做的。这里边可以看出史学方法的成熟和整理史料的标准。在西洋则这方法的成熟后了好几百年，到十七八世纪，这方法才算有自觉的完成了。

　　史学便是史料学：这话是我们讲这一课的中央题目。史料学便是比较方法之应用：这话是我们讨论这一篇的主旨。但史料是不同的，有来源的不同，有先后的不同，有价值的不同，有一切花样的不同。比较方法之使用，每每是"因时制宜"的。处理每一历史的事件，每每取用一种特别的手段，这手段在宗旨上诚然不过是比较，在迎合事体上却是甲不能转到乙，乙不能转到丙，丙不能转到丁……徒然高揭"史学的方法是以科学的比较为手段，去处理不同的记载"一个口号，仍不过是"托诸空言"；何如"见诸实事之深切著明"呢？所以我们把这一篇讨论分做几节，为每节举一个或若干个的实例，以见整理史料在实施上的意义。

第一章　史料之相对的价值

第一节　直接史料对间接史料

史料在一种意义上大致可以分做两类：一、直接的史料；二、间接的史料。凡是未经中间人手修改或省略或转写的，是直接的史料；凡是已经中间人手修改或省略或转写的，是间接的史料。《周书》是间接的材料，毛公鼎则是直接的；《世本》是间接的材料（今已佚），卜辞则是直接的；《明史》是间接的材料，明档案则是直接的。以此类推。有些间接的材料和直接的差不多，例如《史记》所记秦刻石；有些便和直接的材料成极端的相反，例如《左传》、《国语》中所载的那些语来语去。自然，直接的材料是比较最可信的，间接材料因转手的缘故容易被人更改或加减；但有时某一种直接的材料也许是孤立的，是例外的，而有时间接的材料反是前人精密归纳直接材料而得的：这个都不能一概论断，要随时随地的分别着看。

直接史料的出处大致有二：一、地下，二、古公廨、古庙宇，及世家之所藏。不是一切东西都可在地下保存的，而文字所凭的材料，在后来的，几乎全不能在地下保存，如纸如帛。在早年的幸而所凭借者是骨，是金，是石，是陶，是泥；其是竹木的，只听见说在干燥的西域保存着，在中国北方的天气，已经很不适于保存这些东西于地下。至于世家，中国因为久不是封建的国家，所以是很少的，公廨庙宇是历经兵火匪劫的。所以敦煌的巨藏有一不有二，汲冢的故事一见不再见。竹书一类的东西，我也曾对之"寤寐思服"，梦想洛阳周冢，临淄齐冢，安知不如魏安僖王冢？不过洛阳陵墓已为官匪合作所盗尽，临淄滨海，气候较湿，这些梦想未必能实现于百一罢？直接材料的来源有些限制，所以每有偏重的现象。如《殷卜辞》所记，"在祀与戎"，而无政事。周金文偏记光宠，少记事迹。敦煌卷子少有全书（其实敦煌卷子只可说是早年的间接材料，不得谓为直接材料）。明清内阁大库档案，都是些"断烂朝报"。若是我们不先对于间接材料有一番细工夫，这些直接材料之意义和位置，是不知道的；不知道则无从使用。所以玩古董的那么多，发明古史的何以那么少呢？写钟鼎的那么多，能借殷周文字以补证经传的何以只有许瀚、吴大澂、孙诒让、王国维几个人呢？何以翁方纲、罗振玉一般人都不能呢？（《殷墟书契考释》一书，原是王国维作的，不是罗振玉的。）珍藏唐写本的那么多，能知各种写本的互相位置者何以那么少呢？直接材料每每残缺，每每偏于小事，不靠较为普通、略具系统的间接材料先作说明，何从了解这一件直接材料？所以持区区的金文，而不熟读经传的人，只能去做刻图章的匠人；明知《说文》有无穷的毛病，无限的错误，然而丢了他，金文更讲不通。

以上说直接材料的了解，靠间接材料做个预备，做个轮廓，做个界落。然而直接材料虽然不比间接材料全得多，却比间接材料正确得多。一件事经过三个人的口传便成谣言，我们现在看报纸的记载，竟那么靠不住。则时经百千年，辗转经若干人手的记载，假定中间人并无成见，并无恶意，已可使这材料全变一番面目；何况人人免不了他自己时代的精神，即免不了他不自觉而实在深远的改动。一旦得到一个可信的材料，自然应该拿他去校正间接史料。间接史料的错误，靠他更正；间接史料的不足，靠他弥补；间接史料的错乱，靠他整齐；间接史料因经中间人手而成之灰沉沉样，靠他改给一个活泼泼的生气象。我们要能得到前人所得不到的史料，然后可以超越前人；我们要能使用新得材料于遗传材料上，然后可以超越同见这材料的同时人。那么以下两条路是不好走的：

一、只去玩弄直接材料，而不能把他应用到流传的材料中。例如玩古董的，刻图章的。

二、对新发现之直接材料深固闭拒的，例如根据秦人小篆，兼以汉儒所新造字，而高谈文始，同时说殷墟文字是刘铁云假造的章太炎。

标举三例，以见直接间接史料之互相为用。

例一　王国维君《殷卜辞中所见先公先王考》

王静安君所作《殷卜辞中所见先公先王考》两篇（《观堂集林》卷九），实在是近年汉学中最大的贡献之一。原文太长，现在只节录前篇的"王亥"、"王恒"、"上甲"三节，下篇的"商先王世数"一节，以见其方法。其实这个著作是不能割裂的，读者仍当取原书全看。

王君拿直接的史料，用细密的综合，得了下列的几个大结果。一、证明《史记》袭《世本》说之不虚构；二、改正了《史记》中所有由于传写而生的小错误；三、于间接材料之矛盾中（《汉书》与《史记》），取决了是非。这是史学上再重要不过的事。至于附带的发现也多。假如王君不熟习经传，这些材料是不能用的；假如熟习经传者不用这些材料，经传中关涉此事一切语句之意义及是非是不能取决的。那么，王君这个工作，正可为我们上节所数陈的主旨作一个再好不过的实例。

王亥

卜辞多记祭王亥事，《殷墟书契前编》有二事，曰：贞夒于王亥（卷一第四十九叶），曰：贞之于王亥卌牛辛亥用（卷四第八叶），后编又有七事，曰：贞于王亥求年（卷上第一叶），曰：乙巳卜囗贞之于王亥十（下阙同上第二十叶），曰：贞夒于王亥（同上第十九叶），曰：夒于王亥（同上第二十三叶），曰：癸卯囗贞囗囗高祖王亥囗囗囗（同上第二十一叶），曰：甲辰卜囗贞辛亥夒于王亥卌牛十二月（同上第二十三叶），曰：贞登王亥羊（同上第二十六叶），曰，贞之于王亥囗三百牛（同上第二十八叶）。龟甲兽骨文字有一事，曰：贞夒于王亥五年（卷一第九叶）。观其祭日用辛亥，其牲用五牛，三十牛，四十牛，乃至三百牛，乃祭礼之最隆者，必为商之先王先公无疑。案：《史记·殷本纪》及《三代世表》，商先祖中无王亥。惟云：冥卒，子振立；振卒，子微立。《索隐》：振，系本作核，《汉书·古今人表》作垓。然则《史记》之振当为核，或为垓字之讹也。《大荒东经》曰：有困民国，句姓而食，有人曰王亥。两手操鸟，方食其头。王亥托于有易河伯仆牛，有易杀王亥，取仆牛。郭璞注引《竹书》曰：殷王子亥，宾于有易而淫焉，有易之君绵臣杀而放之。是故殷主甲微假师于河伯以伐有易，克之，遂杀其君绵臣也（此《竹书纪年》真本，郭氏隐括之如此）。今本《竹书纪年》，帝泄十二年，殷侯子亥宾于有易，有易杀而放之。十六年，殷侯微以河伯之师伐有易，杀其君绵臣。是《山海经》之王亥。古本《纪年》作殷王子亥，今本作殷侯子亥。又前于上甲微者一世，则为殷之先祖，冥之子，微之父，无疑。卜辞作王亥，正与《山海经》同。又祭王亥皆以亥日，则亥乃其正字，《世本》作核，《古今人表》作垓，皆其通假字；《史记》作振，则因与核或垓二字形近而讹。夫《山海经》一书，其文不雅驯，其中人物，世亦以子虚乌有视之，《纪年》一书，亦非可尽信者。而王亥之名竟于卜辞见之，其事虽未必尽然，而其人则确非虚构。可知古代传说存于周秦之间者，非绝无根据也。

王亥之名及其事迹，非徒见于《山海经》、《竹书》，周秦间人著书多能道之。《吕览·勿躬篇》：王冰作服牛。案，篆文冰作 夰，与亥字相似，王夰亦王亥之讹。《世本·作篇》，胲作服牛，（《初学记》卷二十九引，又《御览》八百九十引《世本》，鮌作服牛，鮌亦胲之讹。《路史注》引《世本》胲为黄帝马医，常医龙。疑引宋衷注。《御览》引宋注曰：胲黄帝臣也，能驾牛。又云：少昊时人，始驾牛。皆汉人说，不足据。实则《作篇》之胲，即《帝系篇》之核也）其证也。服牛者，即《大荒东经》之仆牛，古服、仆同音。《楚辞·天问》：该秉季德，厥父是臧，胡终弊于有扈，牧夫牛羊？又曰：恒秉季德，焉得夫朴牛？该即胲，有扈即有易（说见下），朴牛亦即服牛。是《山海经》、《天问》、《吕览》、《世本》皆以王亥为始作服牛之人。盖夏初奚仲作车，或尚以人挽之，至相土作乘马，王亥作服牛，而车之用益广。《管子·轻重戊》云：殷人之王，立帛牢服牛马以为民利，而天下化之。盖古之有天下者，其先皆有大功德于天下。禹抑洪水，稷降嘉种，爰启夏周。商之相土王亥，盖亦其俦。然则王亥祀典之隆，亦以其为制作之圣人，非徒以其为先祖，周秦间王亥之传说，胥由是起也。

卜辞言王亥者九，其二有祭日，皆以辛亥，与祭大乙用乙日，祭大甲用甲日同例，是王亥确为殷人以辰为名之始，犹上甲微之为以日为名之始也。然观殷人之名，即不用日辰者，亦取于时为多，自契以下，若昭明，若昌若，若冥，皆含朝暮明晦之意，而王恒之名亦取象于月弦。是以时为名或号者，乃殷俗也。夏后氏之以日为名者，有孔甲，有履癸，要在王亥及上甲之后矣。

王恒

卜辞人名于王亥外又有王𢎛。其文曰：贞之于王𢎛（《铁云藏龟》第一百九十九叶，及《书契后编》卷上第九叶）。又曰：贞𢍅之于王𢎛（《后编》卷下第七叶）。又作王𢎛，曰：贞王𢎛□（下阙，《前编》卷七第十叶）案，𢎛即恒字。《说文解字》二部：恒，常也，从心从舟，在二之间，上下一心以舟施恒也。𠄎，古文〇从月，《诗》曰：如月之恒。案，许君既云古文〇从月，复引《诗》以释从月之意，而今本古文乃作〇，从二，从古外，盖传写之讹，字当作〇。又，《说文》木部，楖，竟也，从木，〇声。〇，古文楖。案，古从月之字，后或变而从舟，殷墟卜辞朝暮之朝作〇（《后编》卷下第三叶），从日月在〇间，与莫字从日在〇间同意，而篆文作朝，不从月而从舟。此例之〇本当作〇。楖鼎有字〇，从心从〇，与篆文之〇从〇者同，即〇之初字，可知〇〇一字。卜辞〇字从二从〇，（卜辞月字或作〇或作〇）其为〇〇二字，或恒字之省无疑。其作〇者，《诗·小雅》：如月之恒。毛传：恒，弦也。弦本弓上物，故字又从弓。然则〇〇二字，确为恒字。王恒之为殷先祖，惟见于《楚辞·天问》。《天问》自"简狄在台喾何宜"以下二十韵，皆述商事（前夏事后周事）。其问王亥以下数世事曰：该秉季德，厥父是臧。胡终弊于有扈，牧夫牛羊？干协时舞，何以怀之？平胁曼肤，何以肥之？有扈牧竖，云何而逢？击床先出，其命何从？恒秉季德，焉得夫朴牛？何往营班禄，不但还来？昏微遵迹，有狄不宁，何繁鸟萃棘，负子肆情？眩弟并淫，危害厥兄，何变化以作诈，后嗣而逢长？此十二韵以《大荒东经》及郭注所引《竹书》参证之，实纪王亥、王恒及上甲微三世之事，而《山海经》、《竹书》之有易，《天问》作有扈，乃字之误。盖后人多见有扈，少见有易，又同是夏时事，故改易为扈。下文又云：昏微遵迹，有狄不宁。昏微即上甲微，有狄亦即有易也。古狄、易二字同音，故互相通假。《说文解字》辵部，逷之古文作逖；《书·牧誓》，逷矣西土之人，《尔雅》郭注引作逖矣西土之人。《书·多士》：离逖尔土，《诗·大雅》：用逖蛮方，《鲁颂》：狄彼东周。《毕狄钟》：毕狄不龚。此逷逖狄三字，异文同义。《史记·殷本纪》之简狄，《索隐》曰：旧本作易，《汉书·古今人表》作简遏。《白虎通·礼乐篇》：狄者，易也。是古狄、易二字通。有狄即有易，上甲遵迹而有易不宁，是王亥弊于有易，非弊于有扈，故曰，扈当为易字之误也。狄、易二字不知孰正孰借，其国当在大河之北，或在易水左右（孙氏之骈说）。盖商之先自冥治河，王亥迁殷（今本《竹书纪年》，帝芒三十三年，商侯迁于殷，其时商侯即王亥也。《山海经》注所引《真本竹书》，亦称王亥为殷王子亥，称殷不称商，则《今本纪年》此条，古本想亦有之。殷在河北，非亳殷，见余前撰《三代地理小记》），已由商丘越大河而北，故游牧于有易高爽之地，服牛之利即发现于此。有易之人杀王亥，取服牛，所谓胡终弊于有扈，牧夫牛羊者也。其云有扈牧竖，云何而逢，击床先出，其命何从者，似记王亥被杀之事。其云恒秉季德，焉得夫朴牛者，恒盖该弟，与该同秉季德，复得该所失服牛也。所云昏微遵迹，有狄不宁者，谓上甲微能率循其先人之迹，有易与之有杀父之雠，故为之不宁也。繁鸟萃棘以下，当亦记上甲事，书阙有间，不敢妄为之说，然非如王逸章句所说，解居父及象事，固自显然。要之，《天问》所说当与《山海经》及《竹书纪年》同出一源，而《天问》就壁画发问，所记尤详，恒之一人，并为诸书所未载。卜辞之王恒，与王亥同以王称，其时代自当相接，而《天问》之该与恒，适与之相当，前后所陈又皆商家故事，则中间十二韵自系述王亥王恒上甲微三世之事。然则王亥与上甲微之间，又当有王恒一世。以《世本》、《史记》所未载，《山经》、《竹书》所不详，而今于卜辞得之；《天问》之辞，千古不能通其说者，而今由卜辞通之：此治史学与文学者所当同声称快者也。

上甲

　　《鲁语》：上甲微，能帅契者也，商人报焉。是商人祭上甲微。而卜辞不见上甲。郭璞《大荒东经注》引《竹书》作主甲微，而卜辞亦不见主甲。余由卜辞有 ⟨甲⟩⟨乙⟩⟨丙⟩ 三人名，其乙丙丁三字皆在匸或匚中，而悟卜辞中凡数十见之 田（或作 田），即上甲也。卜辞中凡田狩之田字，其口中横直二笔皆与其四旁相接；而人名之 田，则其中横直二笔或其直笔必与四旁不接，与田字区别较然。田 中十字即古甲字（卜辞与古金文皆同），甲在口中，与 ⟨乙⟩⟨丙⟩⟨丁⟩ 之乙丙丁三字在匸或匚中同意。亦有口中横直二笔与四旁接，而与田狩字无别者，则上加一作 田 以别之。上加一者，古六书中指事之法，一在 田 上，与二字（古文上字）之一在一上同意，去上甲之义尤近。细观卜辞中记 田 或 田 者数十条，亦惟上甲微始足当之。卜辞中云自 田（或作 田）至于多后衣者五（《书契前编》卷二第二十五页三见，又卷三第二十七页，《后编》卷上第二十页各一见），其断片云自 田 至于多后者三（《前编》卷二第二十五页两见，又卷三第二十八页一见），云自 田 至于武乙衣者一（《后编》卷上第二十页）。衣者，古殷祭之名。又卜辞曰：丁卯，贞来乙亥告自 田（《后编》卷上第二十八页）；又曰：乙亥卜宾贞口大御自（同上卷下第六页）；又曰：（上阙）贞翌甲口𤇃自 田（同上第三十四页）。凡祭告皆曰自 田，是 田 实居先公先王之首也。又曰：辛巳卜大贞之自 田 元示三牛二示一牛十三月（《前编》卷三第二十二页）；又云，乙未贞其求自 田 十又三示牛小示羊（《后编》卷上第二十八页）。是 田 为元示及十又三示之首。殷之先公称示，主壬主癸卜辞称示壬示癸，则 田 又居先公之首也。商之先人王亥始以辰名，上甲以降皆以日名，是商人数先公当自上甲始。且 田 之为上甲，又有可征证者，殷之祭先，率以其所名之日祭之，祭名甲者用甲日，祭名乙者用乙日，此卜辞之通例也。今卜辞中凡专祭闻者皆用甲日，如曰：在三月甲子口祭 田（《前编》卷四第十八页）；

又曰：在十月又一（即十有一月）甲申□酚祭⊞（《后编》卷下第二十页）；又曰：癸卯卜翌甲辰之⊞牛吉（同上，第二十七页）；又曰：甲辰卜贞来甲寅又伐⊞羊五卯牛一（同上，第二十一页）。此四事祭⊞有日皆用甲日。又云：在正月□□（此二字阙）祭大甲❤⊞（同上第二十一页），此条虽无祭日，然与大甲同日祭，则亦用甲日矣。即与诸先王先公合祭时，其有日可考者，亦用甲日。如曰：贞翌甲□❤自⊞（同上）；又曰：癸巳卜贞酚肜日自⊞至于多后衣亡它自□在四月惟王二祀（《前编》卷三第二十七页）；又曰：癸卯，王卜贞酚翌日自⊞至多后衣亡它在□在九月惟王五祀（《后编》卷上第二十页）。此二条以癸巳及癸卯卜，则其所云之肜日翌日，皆甲日也。是故田⊞名甲，可以祭日用甲证之；⊞字为十（古甲字）在□中，可以⊏⊡三名乙丙丁在匚中证之；而此甲之即上甲，又可以其居先公先王之首证之。此说虽若穿凿，然恐殷人复起，亦无以易之矣。

《鲁语》称商人报上甲微，《孔丛子》引《逸书》，惟高宗报上甲微（此魏晋间伪书之未采入梅本者，今本《竹书纪年》武丁十二年报祀上甲微，即本诸此）报者，盖非常祭。今卜辞于上甲有合祭，有专祭，皆常祭也。又商人于先公皆祭，非独上甲，可知周人言殷礼已多失实，此孔子所以有文献不足之叹欤？

商先王世数

《史记·殷本纪》、《三代世表》及《汉书·古今人表》所记殷君数同，而于世数则互相违异。据《殷本纪》则商三十一帝（除大丁为三十帝），共十七世；《三代世表》以小甲雍己大戊为大庚弟（《殷本纪》大庚子），则为十六世；《古今人表》以中丁外壬河亶甲为大戊弟（《殷本纪》大戊子），祖乙为河亶甲弟（《殷本纪》河亶甲子），小辛为盘庚子（《殷本纪》盘庚弟），则增一世，灭二世，亦为十六世。今由卜辞证之，则以《殷本纪》所记为近。案，殷人祭祀中有特祭其所自出之先王而非所自出之先王不与者，前考所举求祖乙（小乙）、祖丁（武丁）、康祖丁（庚丁）、武乙衣，其一例也。今检卜辞中又有一断片，其文曰：（上阙）大甲大庚（中阙）丁祖乙祖（中阙）一羊一南（下阙，共三行，左读，见《后编》、卷上第五页），此片虽残阙，然于大甲、大庚之间，不数沃丁，中丁（中字直笔尚存）、祖乙之间，不数外壬河亶甲，而一世之中仅举一帝，盖亦与前所举者同例。又其上下所阙得以意补之，如上：

由此观之，则此片当为盘庚、小辛、小乙三帝时之物，自大丁至祖丁皆其所自出之先王，以《殷本纪》世数次之，并以行款求之，其文当如是也。惟据《殷本纪》则祖乙乃河亶甲子，而非中丁子，今此片中有中丁而无河亶甲，则祖乙自当为中丁子，《史记》盖误也。且据此则大甲之后有大庚，则大戊自当为大庚子，其兄小甲雍己亦然，知《三代世表》以小甲、雍己、大戊为大庚弟者，非矣。大戊之后有中丁，中丁之后有祖乙，则中丁、外壬、河亶甲自当为大戊子，祖乙自当为中丁子，知《人表》以中丁、外壬、河亶甲、祖乙皆为大戊弟者非矣。卜辞又云，父甲一牡，父庚一牡，父辛一牡（《后编》卷上第二十五页）甲为阳甲，庚则盘庚，辛则小辛，皆武丁之诸父，故曰父甲，父庚，父辛；则《人表》以小辛为盘庚子者，非矣。凡此诸证，皆与《殷本纪》合，而与《世表》、《人表》不合。是故殷自小乙以上之世数。可由此二片证之，小乙以下之世数，可由祖乙、祖丁、祖甲、康祖丁、武乙一条证之。考古者得此，可以无遗憾矣。

附殷世数异同表

帝名	《殷本纪》	《三代世表》	《古今人表》	卜辞
汤	主癸子	主癸子	主癸子	一世
大丁	汤子	汤子	汤子	汤子二世
外丙	大丁弟	大丁弟	大丁弟	
中壬	外丙弟	外丙弟	外丙弟	
大甲	大丁子	大丁子	大丁子	大丁子三世
沃丁	大甲子	大甲子	大甲子	
大庚	沃丁弟	沃丁弟	沃丁弟	大甲子四世
小甲	大庚子	大庚弟	大庚子	
雍己	小甲弟	小甲弟	小甲弟	
大戊	雍己弟	雍己弟	雍己弟	大庚子五世
中丁	大戊子	大戊弟	大戊弟	大戊子六世
外壬	中丁弟	中丁弟	中丁弟	
河亶甲	外壬弟	外壬弟	外壬弟	
祖乙	河亶甲子	河亶甲子	河亶甲弟	中丁子七世
祖辛	祖乙子	祖乙子	祖乙子	祖乙子八世

沃甲	祖辛弟	祖辛弟	祖辛弟	
祖丁	祖辛子	祖辛子	祖辛子	祖辛子九世
南庚	沃甲子	沃甲子	沃甲子	
阳甲	祖丁子	祖丁子	祖丁子	祖丁子十世
盘庚	阳甲弟	阳甲弟	阳甲弟	阳甲弟十世
小辛	盘庚弟	盘庚弟	盘庚子	盘庚弟十世
小乙	小辛弟	小辛弟	小辛弟	小辛弟十世
武丁	小乙子	小乙子	小乙子	小乙子十一世
祖庚	武丁子	武丁子	武丁子	武丁子十二世
祖甲	祖庚弟	祖庚弟	祖庚弟	祖庚弟十二世
廪辛	祖甲子	祖甲子	祖甲子	
庚丁	廪辛弟	廪辛弟	廪辛弟	祖甲子十三世
武乙	庚丁子	庚丁子	庚丁子	庚丁子十四世
大丁	武乙子	武乙子	武乙子	
帝乙	大丁子	大丁子	大丁子	
帝辛	帝乙子	帝乙子	帝乙子	

例二　陈寅恪君《吐蕃彝泰赞普名号年代考》

例一所举虽系史学上之绝大问题，然或有人嫌其多半仍是文字学的问题，不是纯粹史学的问题（其实史学语学是全不能分者）。现在更举一个纯粹史学的考定。我的朋友陈寅恪先生，在汉学上的素养不下钱晓徵，更能通习西方古今语言若干种，尤精梵藏经典。近著《吐蕃彝泰赞普名号年代考》一文，以长庆唐蕃会盟碑为根据，"千年旧史之误书，异国译音之讹读，皆赖以订"。此种异国古文之史料至不多，而能使用此项史料者更属至少，苟其有之，诚学术中之快事也。文不长，兹全录之如下：

《吐蕃彝泰赞普名号年代考》（《蒙古源流》研究之一）（《国立中央研究院历史语言研究所集刊》第二本第一分）

小彻辰萨囊台吉著《蒙古源流》，其所纪土伯特事，盖本之西藏旧史。然取新旧唐书吐蕃传校其书，则赞普之名号，往往不同，而年代之后先，相差尤甚。夫中国史书述吐蕃事，固出于唐室当时故籍，西藏志乘，虽间杂以宗教神话，但历代赞普之名号世系，亦必有相传之旧说，决不尽为臆造。今二国载籍互相差异，非得书册以外实物以资考证，则无以判别二者之是非，兼解释其差异之所由来也。

《蒙古源流》卷二云："穆迪子藏（坊刊本作减，误）玛达尔玛持（坊刊本作特，误）松垒罗垒伦多卜等兄弟五人，长子藏玛出家，次子达尔玛持松（略一垒字，满文本已如是）自前岁戊子纪二千九百九十九年之丙戌年所生，岁次戊戌年十三岁，众大臣会议辅立即位，岁次辛酉年三十六岁，殁，汗无子，其兄达尔玛即位"云云。按小彻辰萨囊台吉以释迦牟尼佛涅槃后一岁为纪元，据其所推算佛灭度之年为西历纪元前二千一百三十四年，故其纪元前之戊子元年为西历纪年前二千一百三十三年。其所谓自前岁戊子纪二千九百九十九年之丙戌年，即西历纪元后八百六十六年，唐懿宗咸通七年。戊戌年即西历纪年后八百七十八年，唐僖宗乾符五年。辛酉年则西历纪元后九百零一年，唐昭宗天复元年。惟《蒙古源流》此节所纪达尔玛持松垒赞普之名号年代，皆为讹误，兹先辨正其名号，兼解释其差异之所由来，然后详稽其年代之先后，以订正中国西藏二国旧史相传之讹误，或可为治唐史者之一助欤？

名号之讹误有二，一为误联二名为一名，一为承袭蒙古文旧本字形之讹而误读其音。

何谓误联二名为一名？按《唐书·吐蕃传》："赞普（指可

黎足即彝泰赞普）立几三十年死，以弟达磨嗣。"《资治通鉴考异》卷二十一《唐纪》十三文宗开成三年，吐蕃彝泰赞普卒弟达磨立条云"彝泰卒，及达磨立，实录不书，旧传及续会要皆无之，今据补国史。"坊刊本《蒙古源流考》卷二："汗（指持松垒）无子，其兄达尔玛癸未年所生，岁次壬戌，年四十岁，即位，因其从前在世为象时，曾设恶愿，二十四年之间，恶习相沿，遂传称为天生邪妄之朗达尔玛。"（按，藏语谓象为朗glan）又藏文嘉剌卜经rgyalrabs者（闻中国有蒙文刊本，予未见），本书译本子注，及《四库总目提要》，皆言其与小彻辰萨囊台吉所纪述多相符合，今据Emil Schalgiutwcit本嘉剌卜经藏文原文第十二页第十二行，其名亦为glan darma，即本书之朗达尔玛也。而本书之持松垒，在嘉剌卜经则称为ral-pa-chan，与朗达玛为二人，章章明甚。又乾隆中敕译中文《首楞严经》为藏文时，章嘉胡图克图言此经西藏古译本为五百年前之朗达尔玛汗所毁灭云云（见《清高宗御制文集·藏译楞严经序》），持松垒与达尔玛孰为兄弟，及朗达尔玛汗是否生于乾隆前五百年，以至《首楞严经》乾隆以前有无藏文译本，皆不必论；而持松垒与达尔玛之为二人，则中国史籍、《蒙古源流》本书及西藏历世相传之旧说，无不如是。今景阳宫所藏《蒙古源流》满文译本，误联达尔玛、持松垒二名为一名，此必当日满文译者所据喀尔喀亲王成衮札布进呈之蒙文本，已有此误，以致辗转传讹，中文译本遂因而不改，即彭楚克林沁所校之中文译本（曾见江安傅氏转录本），亦误其句读。以予所见诸本，惟施密德氏Isaac Jacob schmidt之蒙文校译本，二名分列，又未省略，实较成衮札布本为佳也。

何谓承袭蒙文旧本字形之讹而误读其音？此赞普名号诸书皆差异，今据最正确之实物，即拉萨长庆唐蕃会盟碑碑阴吐蕃文（据前北京大学研究所国学门所藏缪氏艺风堂拓本）补正其省略讹误，并解释其差异之所由来焉。

按长庆唐蕃会盟碑碑阴吐蕃文，首列赞普名号，末书长庆及蕃彝泰纪元，其所载赞普之名号为khri-gtsug lde-brtsan。近年西北发见之藏文写本亦同（见F.W.Thomas：*Tibetan Documents conccrning Chinese Turkestan* PP.71.72.76.Journal of the Royal Asiatic Society of Great Britain and Ireland，Jan.1928）。兹取此碑碑阴蕃文，历校诸书，列其异同于左。《新唐书·吐蕃传》："元和十二年赞普死，可黎可足立为赞普。"按可黎可足即碑文khri-gtsug，其下之ldebrtsan则从省略，且据此可知当时实据藏文之复辅音而对音也。

《资治通鉴》卷二百三十九唐纪五十五："宪宗元和十一年二月，西川奏吐蕃赞普卒，新赞普可黎可足立。"又卷二百四十六唐纪六十二："文宗开成三年吐蕃彝泰赞普卒，弟达磨立。"按会盟碑碑阴末数行吐蕃年号为Skyid-rtag，即彝泰之义，然则可黎可足之号为彝泰赞普者实以年号称之也。

《菩提末》（Bodhimo'r）此书纪赞普世系，实出于藏文之嘉刺卜经，据施密德氏蒙文《蒙古源流》校译本第三百六十页所引菩提末之文，此赞普之名为Thi-atsong-ltebdsan。按此书原文予未见，此仅据施密德氏所转写之拉丁字而言，Thi者藏文khri以西藏口语读之之对音，严格言之，当作Thiolte者据会盟碑蕃文应作lde，蒙文dt皆作q形无分别，bdsan即碑文及西北发现之藏文写本之brtsan，此乃施密德氏转写拉丁字之不同（藏文古写经多一r），非原文之有差异也。惟atsong一字，则因蒙文字形近似而讹，盖此字依会盟碑蕃文本，及西北发见之藏文写本，应作gtsug，蒙文转写藏文之ㄕ（g）作ʾ形，转写藏文之Ω（a）（或作h）作C形，ug；ük作ዓ形，ung或ong作ዓ形，字体极相似故讹。或菩提末原书本不误，而读者之误，亦未可知也。

　　《蒙古源流》施密德校译本　　据此本。此赞普名作Thi-btsonglte，此名略去名末之brtsan o至btsong者，gtsug之讹读，藏文ꡂ（g）字，蒙文作ᠣ，与蒙文ᠥ（b）字形近故讹，蒙文之ug转为ük亦以形近误为ong，见上文菩提末条。

　　《蒙古源流》满文译本　　《蒙古源流》中文译本非译自蒙文，乃由满文而转译者，今成衮札布进呈之蒙文原本，虽不可得见（予近发见北平故宫博物院藏有《蒙古源流》之蒙文本二种：一为写本，一为刊本。沈阳故宫博物馆亦藏有蒙文本，盖皆据成衮札布本抄写刊印者也）。幸景阳宫尚藏有满文译本，犹可据以校正中文译本也。按满文本，此赞普名凡二见，作Darmakriltsmig-Lni，一作Darmakribtsung，皆略去brtsan字，此名误与达尔玛之名联读，已详上文。惟藏文之khri，满文或依藏文复辅音转写，如此名之kri即其例；或依西藏口语读音转写，如持苏陇德灿（Cysurong-tetsan）之Cy（满文ᠼ）即其例。盖其书之对音，先后殊不一致也。un乃ug转为ük之误，见上文菩提末条。又藏文ldc所以讹成垒者，以蒙文t字d字皆作d形，o字u字皆作d形，又e字及i字结尾之形作——及η，皆极相似，颇易淆混，故藏文之lde，遂讹为满文之Lui矣。或者成衮札布之蒙文原本，亦已讹误，满文译本遂因袭而不知改也。

　　文津阁本及坊刊本汉译《蒙古源流》　　中文《蒙古源流》既译自满文，故满文译本之误，中文译本亦因袭不改，此二本中，此赞普名一作达尔玛持松垒，一作达尔玛持松，满文kri作持者，依藏文口语读之也。按义净以中文诋为梵文tha字对音（见高楠顺次郎英译南海寄归内法传），则thi固可以满文之ᠼ（cy）字，中文之持字对音。又此本持字俱作特，乃误字，而先后校此书者皆未改正，松字乃满文Tsung之对音，其误见上文菩提末条。

　　蒙文书社本汉语《蒙古源流》　　此本此赞普名一作（达尔

玛）哩卜崇垒，一作（达尔玛）持松哩卜崇。第一名作哩者，依满文kri而对哩音，其作卜者，满文译本固有b字音也。第二名则持哩二字重声，松崇二字亦垒音，殆当时译者并列依原字及依口语两种对音，而传写者杂糅为一，遂致此误欤？余见上文。

此赞普之名号既辨正，其年代亦可得而考焉。《唐会要》卷九十七："元和十一年西川奏吐蕃赞普卒，十二年吐蕃告丧使论乞冉献马十匹玉带金器等。"《旧唐书·吐蕃传》："宪宗元和十二年吐蕃以赞普卒来告。"《新唐书》："宪宗元和十二年赞普死使论乞髯来（告丧），可黎可足立为赞普。"《资治通鉴》卷二百三十九唐纪五十五："宪宗元和十一年二月西川奏吐蕃赞普卒，新赞普可黎可足立。"《新唐书·吐蕃传》："赞普立（指可黎可足）几三十年，死，以弟达磨嗣。"《资治通鉴》卷二百四十六《唐纪》六十二："文宗开成三年吐蕃彝泰赞普卒，弟达磨立。"《资治通鉴考异》卷二十一唐纪十三，会昌二年十二月吐蕃来告达磨赞普之丧，略云："《实录》丁卯吐蕃赞普卒，遣使告丧，赞普立仅三十余年，据《补国史》，彝泰卒后，又有达磨赞普，此年卒者，达磨也。《文宗实录》不书彝泰赞普卒，旧传及《续会要》亦皆无达磨，新书据《补国史》，疑《文宗实录》阙略，故他书皆因而误。彝泰以元和十一年立，至此二十七年，然开成三年已卒，达磨立至此五年，而《实录》云仅三十年，亦是误以达磨为彝泰也。"《蒙古源流》卷二："持松垒岁次戊戌年十三岁众大臣会议辅立即位，在位二十四年，岁次辛酉，三十六岁殁。"据小彻辰萨囊台吉书所用之纪元推之，戊戌为唐僖宗乾符五年，西历纪元后八百七十八年，辛酉年为唐昭宗天复元年，西历纪元后九百零一年。（诸书之文，前已征引，兹再录之以便省览而资比较。）按《蒙古源流》所载年代太晚，别为一问题，姑于此不置论。而诸书所记彝泰赞普嗣立之年，亦无一不误者。何以言之？唐蕃会盟碑碑阴蕃文，唐蕃二国年号并列，唐长庆元年，当蕃彝泰七年，长庆二年，当彝泰八年，长庆三年，当彝泰九年。又《新唐书·吐蕃传》"长庆二年刘元鼎使吐蕃会盟还，虏元师尚塔藏馆客大夏川，集东方节度诸将百余，置盟策台上，遍晓之，且戒各保境，毋相暴犯，策署彝泰七年"云云。考《旧唐书·吐蕃传》，长庆元年十月十日命崔植、王播、杜元颖等与吐蕃大将讷罗论等会盟于长安，盟文末有大蕃赞普及宰相钵阐布尚绮心儿等先寄盟文要节之语，则是刘元鼎长庆二年所见虏师遍晓诸将之盟策，即前岁长庆元年之盟策，故彝泰七年即长庆元年，而非长庆二年。梁曜北《玉绳元号略》及罗雪堂振玉丈重校订《纪元编》，皆据此推算，今证以会盟碑碑阴蕃文，益见其可信。故吐蕃可黎可足赞普之彝泰元年，实当唐宪宗元和十年，然则其即赞普之位置迟亦必在是年。《唐会要》、新旧《唐书》及《资治通鉴》所载年月，乃据吐蕃当日来告之年月，而非当时事实发生之真确年月也。又《蒙古源流》载此赞普在位二十四年，不知其说是否正确，但宪宗元和十年，即西历纪元后八百十五年，为彝泰元年；文宗开成三年，即西历纪元后八百三十八年，亦即《补国史》所纪可黎可足赞普卒之岁，为彝泰末年，共计二十四年，适相符合。予于《蒙古源流》所纪年岁固未敢尽信，独此在位二十四年之说，与依据会盟碑等所推算之年代，不期而暗合，似非出于臆造所能也。

综校诸书所载名号年代既多讹误，又复互相违异，无所适从。幸得会盟碑阴残字数行，以资考证，千年旧史之误书，异国译音之讹读，皆赖以订正。然中外学人考证此碑之文，以予所知，尚未有证论及此者，故表而出之，使知此逻逤片石，实为乌斯赤岭（此指拉萨之赤岭而言）之大玉天球，非若寻常碑碣，仅供揽古之士赏玩者可比也。

例三　《集古录》与《潜研堂金石文字跋尾》

以金文证经典虽为较近之事，然以石文校史事，宋朝人已能为之。如欧阳永叔《集古录跋尾》，其中颇有胜义，即如下例，可见其旨趣。

> 《魏受禅碑》……按，《汉·献帝纪》，延康元年十月乙卯，皇帝逊位，魏王称天子。又按《魏志》，是岁十一月葬士卒死亡者，犹称令。是月丙午（一本作寅），汉帝使张愔奉玺绶，庚午，王升坛受禅，又是月癸酉，奉汉帝为山阳公。而此碑云："十月辛未，受禅于汉。"三家之说皆不同。今据裴松之注《魏志》，备列汉魏禅代诏册书令群臣奏议甚详。盖汉实以十月乙卯策诏魏王，使张愔奉玺绶，而魏王辞让，往返三四，而后受也。又据侍中刘廙奏问太史令许芝，今月十七日己未，可治坛场；又据尚书令桓楷等奏云，辄下太史令，择元辰，今月二十九日，可登坛受命。盖自十七日己未，至二十九日，正得辛未。以此推之，汉魏二纪皆缪，而独此碑为是也。《汉·纪》乙卯逊位者，书其初命，而略其辞让往返，遂失其实尔。《魏志》十一月癸卯犹称令者，当是十月，衍一字尔。丙午张愔奉玺绶者，辞让往返，容（集本作殆）有之也。惟庚午升坛最为缪尔。癸卯去癸酉三十一日，不得同为十一月，此尤缪也。禅代大事也，而二纪所书如此，则史官之失，以惑后世者，可胜道哉？

北宋人的史学分析工夫到这个地步，所以才能有《唐书》、《通鉴》那样的制作。到了近代顾亭林、朱竹垞等，以石文校史书，时有精论，而钱竹汀"乃尽……出其上，遂为古今金石学之冠"（见《集古录跋尾·王昶序》）。《廿一史之考异》、《金石文之跋尾》，皆同一意义之工作，现在摘录两条，以见其精诣所至。其实竹汀此书论石各篇，皆是精能之作，原书易得，不复多举。

　　《后魏孝文帝吊比干文碑阴》：……《北史》太和十九年，诏迁洛人死葬河南，不得还北，于是代人南迁者悉为河南洛阳人。又云，太和二十年正月，诏改姓元氏。今此碑立于太和十八年冬，宗室已系元姓，代人并称河南郡，则史所载岁月恐未得其实矣。诸臣称河南郡者，元氏而外，若邱目陵氏、万忸于氏、候莫陈氏、乙旃氏、叱罗氏、吐难氏、伊娄氏、独孤氏、拓跋氏、莫耐娄氏，并见《魏书·官氏志》，而译字小有异同。如邱氏目陵之目作穆，万忸于之万作勿，吐难之吐作土，莫耐娄之耐作那，是也。陆氏本步六孤氏。太和十九年，诏称穆陆贺刘楼于嵇尉八姓，皆太祖已降，勋著当世，位尽王公者也。穆即邱目陵，于即万忸于，刘即独孤。诸人皆未改氏，而陆昕等已单称陆氏，而陆氏之改又在穆贺诸姓之先矣。大野氏郁久闾氏俟吕氏魏志俱失载。以予考之，郁久闾乃蠕蠕姓，后亦单称闾氏。《周书》太祖赐韩褒姓侯吕陵氏（此《广韵》所引，今本侯讹作候），当即俟吕氏也。后魏末有南州刺史大野拔，大野亦代北著姓矣。又有俟文福一人，则未知其俟氏软（《官氏志》俟奴氏后改俟氏），抑别有俟文氏也？若干氏贺拔氏不称河南而称代郡，盖代人之未南迁者。斛律氏称高车部人，虽入处中国，尚未有所隶州县也。冯诞以尚乐安公主拜驸马都尉，此但云驸马，而去都尉，从俗称也。史称傅永字修期，此直云傅修期，盖以字行也。公孙良据传为燕郡广阳人，北云辽东郡，则举郡望言之。

于劲尝为司卫监，李预兼典命下大夫，皆本传所未载。陆昕传作昕之，当以石刻为正。其书姑臧为姑藏，河间为河涧，龙骧为虬骧，傅脩期作傅脩期，皆当时承用别体字，若万忸于之于或作乎，陆希道作怖道，则翻刻之讹。（此段以石文订史所记）

《后魏石门铭》　　右《石门铭》，盖述龙骧将军梁秦二州刺史泰山羊祉开通石门之功。《魏书·宣武纪》："正始四年，九月甲子，开斜谷旧道。"即其事也。碑云："起四年十月十日，至永平二年正月毕功。"而史书于四年九月者，据奉诏之日言之耳。《北史·羊祉传》不书开斜谷道事，此史文之阙漏，当据石刻补之。碑云"皇魏正始元年汉中献地"，即梁天监三年也。是岁夏侯道迁背梁归魏，《梁史》书"魏陷梁州"于二月，当得其实。魏收史书于闰十二月，温公《通鉴》据长历梁置闰在次年正月后，遂移于后一年，非也（订历）。

《唐景龙三年法琬法师碑》　　右　《法琬法师碑》。法琬，中宗之三从姑，太祖景皇帝之玄孙女也。父临川公德懋，尝官宗正卿，兵部尚书，谥曰孝，皆史所不载。史称永徵二年，襄邑王神符薨。而碑云六年薨，与史不合。据碑，法琬以襄邑王薨之岁，奏请出家，时年十有三。垂拱四年卒，春秋册有九。今以永徵六年年十有三推之，祇四十六岁耳。窃意神符薨于永徵二年，史文未必误。其年德懋请舍所爱女为亡父祈福，奉勅听许，而法琬之出家则在其明年，年始十三也。碑以二年为六年，特书者之误尔（此段以史所记订石文）。

最近三十年中，缪荃荪、罗振玉、王国维皆于石刻与史传之校正工夫上续有所贡献，然其造诣之最高点，亦不过如钱竹汀而已。

例四　流沙坠简

近来出土之直接史料，可据以校正史传者，尚有西陲所得汗简。此种材料，法人沙畹德人康拉地皆试为考证，而皆无大功，至王静安君手，乃蔚成精美之史事知识。现录其一段如下（《流沙坠简补遗考释》第一页）：

三、晋守侍中大都尉奉晋大侯亲晋鄯善、焉耆、龟兹、疏勒

四、于阗王写下诏书到

右二简文义相属，书迹亦同，实一书之文，前排比简文印本时，尚未知其为一书，故分置两页中，今改正如右。亦行下诏书之辞也。晋守侍中大都尉奉晋大侯亲晋鄯善、焉耆、龟兹、疏勒、于阗王者，若析言之，则当云，晋守侍中大都尉奉晋大侯亲晋鄯善王，晋守侍中大都尉奉晋大侯亲晋焉耆王，以下仿此。盖晋时西域诸国王皆得守侍中大都尉奉晋大侯位号。以此十字冠于五国王之上，而不一一言之者，文例宜然，亦如亲晋二字之为五国王通号，此人人所易首肯也。案，中国假西域诸国王以官号，自后汉始。《后汉书·西域传》：光武建武五年，河西大将军窦融承制立莎车王康为汉莎车建功怀德王西域大都尉，五十五国皆属焉。十七年，更赐以汉大将军印绶。顺帝永建二年，疏勒王臣磐遣使奉献，帝拜臣磐为与汉大都尉，其子孙至灵帝时犹称之。（按，传但言拜臣磐为汉大都尉，汉字上无与。然下文云，疏勒王与汉大都尉于猎中为其季父和得所射杀，时疏勒王外，非别有汉大都尉，不得言与。疑与汉二字当连读，与汉犹言亲汉也。上云拜臣磐为汉大都尉，汉字上脱与字）《魏略·西戎传》，魏赐车师后部王壹多杂守魏侍中，号大都尉，受魏王印，此西域诸王受中国位号之见于史籍者也。考汉魏时本无大都尉一官，求其名称，实录都护而起。前汉时本以

骑都尉都护西域，（见《汉书·百官公卿表》及《甘延寿段会宗传》）后遂略称西域都护。新莽之后，都护败没，故窦融承制拜莎车王康为西域大都尉，使暂统西域诸国，惟不欲假以都护之名，又以西域诸国本各有左右都尉，故名之曰西域大都尉，使其号与西域都护骑都尉相若云尔。嗣是莎车既衰，而疏勒王称与汉大都尉，魏车师后部王又单称大都尉，皆不冠以西域二字，其号稍杀。故此简西域诸国王皆有此位号，疑自魏时已然矣。或以此简之晋守侍中大都尉与魏赐车师后王位号同，又下所举五王中无车师后王，疑此亦晋初车师后王之称，故此简之中实得六国。然魏时车师后王既受王印，则其号当云魏守侍中大都尉亲魏车师后部王，今但云晋守侍中大都尉，但举其所受中国官号，而不著其本国王号，必无此理。故曰，晋守侍中大都尉者，乃鄯善、焉耆、龟兹、疏勒、于阗王之公号也。奉晋大侯亦然。以国王而受晋侯封，故谓之大侯，以别于西域诸国之左右侯，亦犹大都尉之称，所以别于诸国之左右都尉也。亲晋某王者，亦当时诸国王之美称。案，汉时西域诸国王但称汉某国王，《汉书·西域传》云，西域最凡国五十，自译长至侯王皆佩汉印绶，凡三百七十六人。其印文虽无传者，然《匈奴传》云，汉赐单于印，言玺不言章，又无汉字，诸王已下乃有汉，言章。西域诸王虽君一国，然其土地人民尚不如匈奴诸王，则汉所赐印必云汉某某王章，无疑也。后汉之初，莎车王号尚冠以汉字，中叶以后，始有亲汉之称。《后书·西域传》，顺帝永建元年，班勇上八滑为后部亲汉侯。然但为侯号而非王号，其王犹当称汉某某王也。唯建安中封鲜卑沙末汗为亲汉王，魏晋封拜皆袭此称，如魏志外国传有亲魏倭王，古印章有亲晋羌王亲赵侯等是也。其官号上冠以魏晋字者，所以荣之，其王号上冠以亲魏、亲晋字而不直云魏晋者，所以示其非纯臣也。此简所举五国，西域长史所辖殆尽于此。案，西域内属诸国，前汉未分至五十，后汉又并为十余，至魏时仅存六七。《魏略》言且末小宛精绝楼兰（此谓楼兰城）皆并属鄯善，戎卢扜弥渠勒皮穴（《汉书》作皮山）皆属于阗，尉犁危须山王国皆并属焉耆，姑墨温宿尉头皆并属龟兹，桢中莎车竭石渠沙西夜依耐蒲犁亿若榆令捐毒休修（《后汉书》作休循）琴国皆并属疏勒，且弥单桓毕陆（《汉书》作卑陆）蒲陆（《汉书》作蒲类）乌贪（《汉书》作乌贪訾离）诸国皆并属车师。此外汉时属都护诸国，惟乌孙尚存，仍岁朝贡，见于《魏志》。然乌孙国大地远，其事中国亦当与康居大月氏同科，自后汉以来盖已不属都护长史。则魏时西域内属诸国，仅上六国而已。右简所举又少车师一国，盖晋初车师后部当为鲜卑所役属。《魏志·鲜卑传》注引王沈《魏书》云，鲜卑西部西接乌孙。《晋书·武帝纪》，咸宁元年六月，西域戊己校尉马循讨叛鲜卑破之。二年，鲜卑阿罗多等寇边，西域戊己校尉马循讨之。时鲜卑当据车师后部之地，故能西接乌孙，南侵戊己校尉治所矣。右简令诸国王写下诏书，而独不云车师王者，当由于此。然则晋初属西域长史诸国，惟鄯善、焉耆、龟兹、疏勒、于阗五国而已。此西域诸国之大势，得由右简知之者也。此简所出之地，当汉精绝国境，《后书》言后汉明帝时精绝为鄯善所并，而斯氏后十年在此地所得木简见于本书简牍遗文中者，其中称谓有大王有王有夫人，隶书精妙，似后汉桓灵间书。余前序中已疑精绝一国汉末复有有独立之事，今此简中无精绝王，而诏书乃到此者，必自鄯善或于阗传写而来，可见精绝至晋初又为他国所并矣。自地理上言之，则精绝去于阗近，而去鄯善较远，自当并属于阗，而《魏略》则云并属鄯善，然无论何属，此时已无精绝国可知。此尼雅一地之沿革，得由右简知之也。二简所存者不及三十字，而足以裨益史事如此。然非知二简为一书，亦不能有所弋获矣。

例五　吴大澂"文"字说

以上所举的几个例之外，尚有其他近来出土之直接史料，足以凭借着校正或补苴史传者。例如敦煌卷子中之杂件，颇有些是当时的笺帖杂记之类，或地方上的记载，这些真是最好的史料。即如《张氏勋德记》等，罗振玉氏据之以成《补唐书张义潮传》（丙寅稿第一叶至四叶）。可见史料的发见，足以促成史学之进步，而史学之进步，最赖史料之增加。不过这些文字，或太长，或太琐，不便举列，故今从阙。

近数十年来最发达的学问中，金文之研究是一个大端。因金文的时代与诸史不相涉（除《史记》一小部外），而是《诗》、《书》的时代，所以金文之研究看来似只有裨于经学，然经学除其语言文字之部分外，即是史学智识。不过金文与《诗》、《书》所记不相干者多，可以互补，可以互校文字文体之异同，而不易据以对勘史事。虽金文中有很多材料，可以增加我们对于古代史事知识，但，求到这些知识，每每须经过很细的工夫，然后寻出几件来。因此，关于金文学之精作虽多，而专于诗书时代史事作对勘之论文，还不曾有。此等发明，皆零零碎碎，散见各书中。现在且举吴大澂君文字说，以为一例。此虽一字之校定，然《大诰》究竟是谁的档案，可以凭此解决这个二千年的纷扰。《大诰》一类极重要的史料赖一字决定其地位，于此可见新发见的直接史料，对于遗传的间接史料，有莫大之补助也。

"文"字　说书文侯之命，"追孝于前文人"。《诗·江汉》："告于文人。"《毛传》云："文人，文德之人也。"潍县陈寿卿编修介祺所藏兮仲钟云，"其用追孝于皇考已伯，用侃喜前文人。"《积古斋钟鼎彝器款识·追敦》云："用追孝于前文人。"知"前文人"三字，为周时习见语。乃《大诰》误文为宁，曰："予曷其不于前宁人图功攸终。"曰："予曷其不于前宁人

攸受休毕。"曰："天亦惟休于前宁人。"曰："率宁人有指疆
土。""前宁人"实"前文人"之误。盖因古文文字有从心者，或
作 🔲，或作 🔲，或又作 🔲。壁中古文《大诰》篇，其文字必与宁
字相似，汉儒遂误释为宁。其实《大诰》乃武王伐殷，大诰天下之
文，宁王即文王，宁考即文考，"民献有十夫"，即武王之乱臣十
人也。"宁王遗我大宝龟"，郑注"受命曰宁王"，此不得其解而
强为之说也。既以宁考为武王，遂以《大诰》为成王之诰。不见古
器，不识真古，安知宁字为文之误哉？

以上所标七例，皆新发现的直接史料与自古相传的间接史料相互勘
补的工作。必于旧史料有工夫，然后可以运用新史料；必于新史料能了
解，然后可以纠正旧史料。新史料之发见与应用，实是史学进步的最要
条件；然而但持新材料，而与遗传者接不上气，亦每每是枉然。从此可
知抱残守缺，深固闭拒，不知扩充史料者，固是不可救药之妄人；而一
味平地造起，不知积薪之势，相因然后可以居上者，亦难免于狂猖者之
徒劳也。

第二节　官家的记载对民间的记载

官家记载和私家记载的互有短长处，也是不能一概而论的。大约
官书的记载关于年月、官职、地理等等，有簿可查有籍可录者，每较私
记为确实；而私家记载对于一件事的来源去脉，以及"内幕"，有些能
说官书所不能说，或不敢说的。但这话也不能成定例，有时官书对于年
月也很会错的，私书说的"内幕"更每每是胡说的。我们如想作一命题
而无违例，或者可说，一些官家凑手的材料，及其范围内之记载，例如
表，志，册子，簿录等，是官家的记载好些，而官家所不凑手或其范围
所不容的材料，便只好靠私家了。不过这话仿佛像不说，因为好似一个

"人者，人也"之循环论断，我们还是去说说他们彼此的短处罢。

官家的记载时而失之讳。这因为官家总是官家，官家的记载就是打官话。好比一个新闻记者，想直接向一位政府的秘书之类得到一个国家要害大事之内容，如何做得到？势必由间接的方法，然后可以风闻一二。

私家的记载时而失之诬。人的性情，对于事情，越不知道越要猜，这些揣猜若为感情所驱使，便不知造出多少故事来。史学的正宗每每不喜欢小说。《晋书》以此致谤；《三国志注》以此见识。建文皇帝游云南事，明朝人谈得那样有名有姓，有声有色，而明史总只是虚提一笔。司马温公的《通鉴》虽采小说，究竟不过是借着参考，断制多不从小说；而他采《赵飞燕外传》的"祸水"故事，反为严整的史家所讥。大约知道一件事内容者，每每因自己处境的关系不敢说，不愿说，而不知道者偏好说，于是时时免不了胡说。

论到官家记载之讳，则一切官修之史皆是好例，所修的本朝史尤其是好例。禅代之际，一切欺人孤儿寡妇的逆迹；剪伐之朝，一切凶残淫虐的暴举，在二十四史上那能看得出好多来呢？现在但举一例：满洲的人类原始神话，所谓天女朱果者，其本地风光的说法，必不合于汉族之礼化，于是汉士修满洲原始之史，不得不改来改去，于是全失本来的意义。（陈寅恪先生语我云：王静安在清宫时有老阉导之看坤宁宫中跳神处，幔后一图，女子皆裸体，而有一男老头子。此老阉云：宫中传说这老头子是卖豆腐的。此与所谓天女者当有若何关系。今如但看满洲祀天典礼，或但看今可见坤宁宫中之杀猪处，何以知跳神之礼，尚有此"内幕"耶？）犹之乎顺治太后下嫁摄政王，在清朝国史上是找不出一字来的［其实此等事照满洲俗未可谓非，汉化亦未可谓是。史事之经过及其记载皆超于是非者也。（"Jenseits von Gut und Bo·se"）］清朝人修的《太祖实录》，把此一段民间神话改了又改，越改越不像。一部二十四史经过这样手续者，何其多呢？现在把历史语言研究所所藏的稿本影印一叶以见史书成就的一个大手续——润色的即欺人的手续。

论到私书记载之诬，则一切小说稗史不厌其例。姑举两个关系最大谬的。元庚申帝如非元明宗之子，则元之宗室焉能任其居大汗之统者数十年，直到窜至漠北，尚能致远在云南之梁王守臣节？而《庚申外史》载其为宋降帝瀛国公之子，则其不实显然。这由于元代七八十年中汉人终不忘宋，故有此种循环报应之论。此举韩山童之建宋号，是同一感情所驱使的。又如明成祖，如果中国人是个崇拜英雄的民族，则他的丰功伟烈，确有可以崇拜处，他是中国惟一的皇帝能跑到漠北去打仗的。但中国人并不是个英雄崇拜的民族（这个心理有好有坏。约略说，难于组织，是其短处，难于上当，是其长处），而明成祖的行为又极不合儒家的伦理，而且把"大儒"方正学等屠杀的太惨酷了，于是明朝二百余年中，士人儒学没有诚心说成祖好的。于是乎为建文造了一些逊国说，为永乐造了一个"他是元朝后代的"的骂语（见《广阳杂记》等）。这话说来有两节，一是说永乐不是马后生，而是硕妃生，与周王同母，此是《国榷》等书的话。一是说硕妃为元顺帝之高丽妾，虏自燕京者，而成祖实为庚申帝之遗腹子。（此说吾前见于一笔记，一时不能举其名，待后查。）按硕妃不见明《后妃传》，然见《南京太常寺志》。且成祖与周王同母，隐见于《明史·黄子澄传》，此说当不诬妄。至其为元顺帝遗腹说，则断然与年代不合。成祖崩于永乐二十二年（1424），年六十五，其生年实为元顺帝至正二十年（1360）四月，去明兵入燕尚有十年（洪武元年为1368），冒填年龄不能冒填到十年。且成祖于洪武三年封燕王，十三年之藩。如为元顺帝遗腹子其母为掠自北平者，则封燕王时至多两岁，就藩北平时，至多十二岁；两岁封王固可，十二岁就藩则不可能。以明太祖之为人，断无封敌子于胜国故都，新朝第一大藩之理。此等奇谈，只是世人造来泄愤的，而他人有同样之愤，则喜而传之（至于硕妃如为高丽人，或是成祖母，皆不足异。元末贵人多蓄高丽妾，明祖起兵多年，所房宦家当不少也。惟断不能为庚申帝子耳）。所以《明史》不采这些胡说，不能因《明史》的稿本出自明遗臣，故为之讳也。《清史》稿出于自命为清遗臣者，亦直谓康熙之母为汉人辽东著姓佟氏也。

官府记载与野记之对勘工夫，最可以《通鉴考异》为例。此书本来是记各种史料对勘的工夫者，其唐五代诸卷，因民间的材料已多，故有不少是仿这样比较的。因此书直是一部史料整理的应用逻辑，习史学者必人手一编，故不须抄录。

第三节　本国的记载对外国的记载

本国的记载之对外国的记载，也是互有短长的，也是不能一概而论的。大致说起，外国或是外国人的记载总是靠不住的多。传闻既易失真，而外国人之了解性又每每差些，所以我们现在看西洋人作的论中国书，每每是隔靴搔痒，简直好笑，然而外国的记载也有他的好处，他更无所用其讳。承上文第二节说，我们可说，他比民间更民间。况且本国每每忽略最习见同时却是最要紧的事，而外国人则可以少此错误。譬如有一部外国书说，中国为蓝袍人的国（此是几十年前的话），这个日日见的事实，我们自己何尝感觉到呢？又譬如欧美时装女子的高跟鞋，实与中国妇女之缠足在心理及作用上无二致，然而这个道理我们看得明显，他们何尝自觉呢？小事如此，大者可知。一个人的自记是断不能客观的，一个民族的自记又何尝不然？本国人虽然能见其精细，然而外国人每每能见其纲领。显微镜固要紧，望远镜也要紧。测量精细固应在地面上，而一举得其概要，还是在空中便当些。这道理太明显，不必多说了。例也到处都是，且举一个很古的罢。

（《史记·大宛传》）自大宛以西至安息国，虽颇异言，然大同俗，相知言。其人皆深眼，多须顿。善市贾，争分铢。俗贵女子；女子所言而丈夫乃决正。

这不简直是我们现在所见的西洋人吗？（这些人本是希腊波斯与土人之混合种，而凭亚历山大之东征以携希腊文化至中亚者。）然而这些事实（一）深眼，（二）多须顿，（三）善市贾，（四）贵女子，由他们自己看来，都是理之当然，何必注意到呢？外国人有这个远视眼，所以虽马哥孛罗那样胡涂荒谬，乱七八糟的记载，仍不失为世上第一等史料；而没有语言学人类学发达的罗马，不失其能派出一个使臣答西涂斯（Tacitus）到日耳曼回来，写一部不可泯灭的史料（De Cermania）。

第四节　近人的记载对远人的记载

这两种记载的相对是比较容易判别优劣的。除去有特别缘故者以外，远人的记载比不上近人的记载。因为事实只能愈传愈失真，不能愈传愈近真，譬如李心传的《建炎以来系年要录》，其中多有怪事，如记李易安之改嫁，辛稼轩之献谀，文人对此最不平，我也曾一时好事将此事记载查看过一回，觉得实在不能不为我们这两位文人抱冤。这都由于这位作者远在西蜀，虽曾一度参史局，究未曾亲身经验临安的政情文物；于是有文书可凭者尚有办法，其但凭口传者乃一塌糊涂了。这个情由不待举例而后明。

第五节　不经意的记载对经意的记载

记载时特别经意，固可使这记载信实，亦可使这记载格外不实，经意便难免于有作用，有作用便失史料之信实。即如韩退之的《平淮西碑》，所谓"点窜《尧典》、《舜典》字，涂改《清庙》、《生民》

诗"者，总算经意了罢；然而用那样《诗》、《书》的排场，那能记载出史实来？就史料论，简直比段成式所作的碑不如。不经意的记载，固有时因不经意而乱七八糟，轻重不忖，然也有时因此保存了些原史料，不曾受"修改"之劫。

例如《晋书》、《宋史》，是大家以为诟病的。《晋书》中之小说，《宋史》中之紊乱，固是不可掩之事实；然而《晋书》却保存了些晋人的风气，《宋史》也保存了些宋人的传状。对于我们，每一书保存的原料越多越好，修理的越整齐越糟。反正二十四史都不合于近代史籍的要求的，我们要看的史料越生越好！然则此两书保存的生材料最多，可谓最好。《新五代史记》及《明史》是最能锻炼的，反而糟了。因为材料的原来面目被他的锻炼而消灭了。班固引时谚曰："有病不治，常得中医。"抄账式的修史，还不失为中医，因为虽未治病，亦未添病，欧阳《五代史记》的办法，乃真不了，因为乱下药，添了病。

第六节　本事对旁涉

本事对旁涉之一题，看来像是本事最要，旁涉则相干处少，然而有时候事实恰恰与此相反。因为本事经意，旁涉不经意，于是旁涉有时露马脚，而使我们觉得实在另是一回事，本事所记者反不相干矣。有时这样的旁涉是无意自露的，也有时是有意如此隐着而自旁流露个线索的，这事并不一样。也有许多既非无意自露，又非有意自旁流露，乃是考证家好作假设，疑神疑鬼弄出的疑案。天地间的史事，可以直接证明者较少，而史学家的好事无穷，于是求证不能直接证明的，于是有聪明的考证，笨伯的考证。聪明的考证不必是，而是的考证必不是笨伯的。

史学家应该最忌孤证，因为某个孤证若是来源有问题，岂不是全套议论都入了东洋大海吗？所以就旁涉中取孤证每每弄出"亡是公子"、"非有先生"来。然若旁涉中的证据不止一件，或者多了，也有很确切的事实发见。举一例：汉武帝是怎么样一个人，《史记》中是没有专篇的，因为"今上本纪"在西汉已亡了。然而就太史公东敲西击所叙，活活的一个司马迁的暴君显出来，这虽不必即是真的汉武帝，然司马子长心中的汉武帝却已借此出来了。

第七节　直说与隐喻

我们可说，这只是上节本事对旁涉的一种；不过隐喻虽近旁涉，然究不可以为尽等于旁涉，故另写此一节。凡事之不便直说，而作者偏又不能忘情不说者，则用隐喻以暗示后人。有时后人神经过敏，多想了许多，这是常见的事。或者古人有意设一迷阵，以欺后人，而恶作剧，也是可能的事。这真是史学中最危险的地域呵！想明此例，且抄俞平伯先生《长恨歌及长恨歌传的传疑》一篇（抄全实太长，然不抄全无以明其趣）。

长恨歌及长恨歌传的传疑

尝读元人《秋夜梧桐雨》杂剧写马嵬之变，玉环之尸被军马践踏，不复收葬，其言颇闪烁牵强。至洪昉思《长生殿》则以尸解了之，而改葬之时，便曰："惨凄凄一匡空墓，杳冥冥玉人何去！"两剧写至此处，均作曲笔，而《长生殿·雨梦》一折更有新说，惟托之于梦。其词曰："只为当日个乱军中祸殃惨遭，悄地向人丛里换妆隐逃，因此上流落久蓬飘。"而评者则曰："才情竭处忽生幻想，真有水穷山尽，坐看云起之妙。"洪君此作自为文章狡狯，以波折弄姿，别无深意；但以予观之，此说殆得《长恨歌》及《长恨歌传》之本旨。兹述其所见于后，佐证缺少，难成定论，姑妄言之，姑忘听之，亦所不废乎？

若率意读之，《长恨歌》既已乏味，而传尤为蛇足。歌中平铺直叙，婉曲之思与凄艳之笔并少，视《琵琶行》、《连昌宫词》且有逊色。至陈鸿作传，殆全与歌重复，似一言再言不嫌其多者然。其故殊难索解。夫以一代之名手抒写一代之剧迹，必有奇思壮采流布文坛，而今乃平庸拖沓如此，不称所期许，抑又何耶？

其间更有可注意者，马嵬之变，实为此故事之中心，玉环缢死，以后皆余文也。以今日吾人行文之法言之，则先排叙其宠盛，中出力写其惨苦，后更抒以感叹，或讽刺，如《长生殿弹词》之作法，称合作矣。而观此歌及传却全不如此，写至马嵬坡仅当全篇之半，此后则大叙特叙临邛道士，海山楼阁诸迹，皆子虚乌有之事耳，而言之凿凿焉。且以钗盒之重还与密誓之见诉，证方士之曾见太真。夫太真已死于马嵬，方士何得而见之？神仙之事，十九寓言，香山一老岂真信其实有耶？其不然明矣，明知其必不然，而故意以文实之，抑又何耶？

即此可窥歌传之本意，盖另有所在也。一篇必有其警策，如《琵琶行》以"同是天涯沦落人，相逢何必曾相识"为主意；《秦妇吟》以"一身苦兮何足嗟，山中更有千万家"为主意；独此篇之主旨，屡读之竟不可得。必不得已，只以"天长地久有时尽，此恨绵绵无绝期"当之。既以"长恨"名篇，此两语自当为点睛之笔，惟仅观乎此仍苦不明白，曰"此恨绵绵"，曰"长恨"，究何所恨耶？若以拿辛惨变为恨，则写至马嵬已足，何必假设临邛道士，玉妃太真耶？更何必假设分钗寄语诸艳迹耶？似马嵬之事不足为恨，而天人修阻为可恨者，抑又何耶？在《长恨歌传》之末曰："夫希代之事非遇出世之才润色之，则与时消没，不闻于世，乐天深于诗多于情者也，试为歌之如何？乐天因为《长恨歌》，意者不但感其事，亦欲惩尤物，窒乱阶，垂于将来也。歌既成，使鸿传焉。世所不闻者，予非开元遗民不得知；世所知者，有《明皇本纪》在。今但传《长恨歌》云尔。"在此明点此歌之作意，主要是感事，次要是讽谏。夫事既非真，感人何为？则其间必明明有一事在焉，非寓言假托之匹；云将引为后人之大戒，则其事殆丑恶，非风流佳话也。乐天为有唐之诗史，所谓以出世之才记希代之事，岂以欣羡豪奢，描画燕昵为能事哉？遇其平铺直叙处俱不宜正看，所谓繁华，其淫纵也；所谓风流，其丑恶也。按而不断，其意自明。陈鸿作传，唯恐后人不明，故点破之。

　　至作传之故，在此亦已明言。若非甚珍奇之事，则只作一歌可矣，只作一传亦可矣，初不必作歌之传，屋上架屋，床上叠床也。使事虽珍奇而歌意能尽且易知者，则传虽不作亦可也。惟其两不然，此传之所以作也。可分三层述之：歌之作意，非传将不明，一也；事既隐曲，以散文叙述较为明白，二也；传奇之文体，其时正流行，便于传布，三也。其尤可注意者为"世所不闻者"以下数语，其意若曰当时之秘密，我未亲见亲闻，自不得知，若人人皆知，明皇贵妃之事，则载在正史，又不待我言，我只传《长恨歌》中所述这一段异文而已。总之，白陈二氏仅记其所闻，究竟是否真确，二君自言非开元遗民不得知，遑论今日我辈也？予亦只释《长恨歌》云尔，究竟歌中本意是否如此，亦无从取证他书，予只自述其所见云尔。

　　《长恨歌》立意于第一句已点明，所谓"汉皇重色思倾国"，是明皇不负杨妃，负国家耳。开门见山，断语老辣。至于叙述，若华清宫马嵬坡皆陪衬之笔，因既载《明皇本纪》，为世所知，所感者必另有所在而非仅此等事，陈鸿之言本至明白。结语所谓此恨绵绵，标题所谓长恨，乃国家之恨，非仅明皇太真燕私之恨也。否则太真已仙去，而"天上人间会相见"，是有情之美满，何恨之有，何长恨之有？论其描画，叙繁华则近荒，记姝丽则近亵，非无雅笔也，乃故意贬斥耳。传所谓乐天深于诗，观此良确。综观此篇，其结构似疏而实密，似拙而实巧；其词笔似笨重而实空虚；其事迹似可喜而实可丑；家弦户诵已千年矣，而皆被古人瞒过了，至为可惜。

旁证缺乏，兹姑以本文明之。此篇起首四句即是史笔，"汉皇重色思倾国"，自取灭亡也。"杨家有女初长成，养在深闺人未识"，明明真人面前打谎语，史称开元二十三年冬十二月册寿王妃杨氏，至天宝四载秋七月册寿王妃韦氏，八月以杨太真为贵妃。太真为寿王妃十余年之久，始嫔于明皇，乃曰"初长成"、"人未识"，非恶斥何为？若曰回护，则上讳尊者方宜含糊掩饰，何必申申作反语哉？今既云云，则唯恐后人忽视耳。且其言与传意枘凿。传云："诏高力士潜搜外宫，得宏农杨元琰女于寿邸，既笄矣。"其中亦有曲笔，如不曰寿王妃而曰杨女，不曰既嫔而曰既笄；然外宫与深闺其不同亦甚矣。读者或以"宛转蛾眉"之句，疑玉环若未死于马嵬，则于文义为牴牾，请以此喻之，试观此二语，亦可如字解否？可知《长恨歌》中本有些微词曲笔，非由一二人之私见附会而云然，以下所言始不病其穿凿。上半节铺排处均内含讽刺，人所习知，惟关系尚少。最先宜观其叙述马嵬之变，歌曰："六军不发无奈何，宛转蛾眉马前死。花钿委地无人收，翠翘金雀玉搔头。君王掩面救不得，回看血泪相和流。"传曰："上知不免而不忍见其死，反袂掩面，使牵之而去，苍黄展转，竟就绝于尺组之下。"其所叙述有两点相同，可注意：（1）传称不忍见其死，反袂掩面，使牵之去，是玉环之死，明皇未见也：歌中有"君王掩面"之言，是白陈二氏说同。（2）歌称"宛转蛾眉马前死"，即传之"苍黄展转，竟就绝于尺组之下"也，宛转即展转，而传意尤明白，苍黄展转，似极其匆忙捣乱，而竟就绝于尺组之下者，与夫死于马前之蛾眉，究竟是否贵妃，其孰知之哉？而明皇固掩面反袂未见其死也。歌中"花钿"句，似有微意，此二句就文法言，当云花钿、翠翘、金雀、玉搔头，委地无人收，诗中云云，叶律倒置耳，诸饰物狼藉满地，似人蝉脱而去者然。《太真外传》云："妃之死日，马嵬媪得锦袎袜一只，相逢过客一玩百钱，前后获钱无数。"不特诸饰物纷堕，并锦袜亦失其一，岂不异哉？使如正史所记，命力士缢杀贵妃于佛堂，舆尸置驿庭，召玄礼等入观之，其境况殆不至如此也。

　　窃以为当时六军哗溃，玉环直被劫辱，挣扎委顿，故钿钗委地，锦袜脱落也。明皇则掩面反袂，有所不忍见，其为生为死，均不及知之。诗中明言"救不得"，则赐死之诏旨当时殆决无之。传言"使牵之而去"，大约牵之去则有之，使乎使乎？未可知也。后人每以马嵬事訾三郎之负玉环，冤矣。其人既杳，自不得不觅一替死鬼，于是"蛾眉"苦矣。既可上覆君王，又可下安六军，驿庭之尸俾众入观者，疑即此君也。或谓玄礼当识贵妃，何能指鹿为马？然玄礼既身预此变而又不能约束乱兵，则装聋作哑，含糊了局，亦在意中；故陈尸入视，即确有其事，亦不足破此说。至《太真外传》述其死状甚悉，乐史宋人，其说固后也，殆演正史而为之。

　　玉环以死闻，明皇自无力根究，至回銮改葬，始证实其死。改葬之事，传中一字不提，歌中却说得明明白白："马嵬坡下泥土中，不见玉颜空死处。"夫仅言马嵬坡下不见玉颜，似通常凭吊口气；今言泥土中不见玉颜，是尸竟乌有矣，可怪孰甚焉？后人求其说而不得，从而为之辞，曰肌肤消释（《太真外传》），曰乱军践踏，曰尸解（均见上），其实皆牵强不合。予谓《长恨歌》分两大段，自首至"东望都门信马归"为前段；自"归来池苑皆依旧"至尾为后段，而此两句实为前后段大关键。觅尸既不得，则临邛道士之上天下地为题中应有之义矣。其实明皇密遣使者访问太真，临邛道士鸿都客则托词耳；歌言"汉家天子使"，传言"使者"，可证此意。

观其访问之迹，又极其奇诡。传曰："方士乃竭其术以索之，不至；又能游神驭气，出天界，没地府以求之，不见；又旁求四虚上下，东极大海，跨蓬壶，见最高仙山上多楼阙，西厢下有洞户东向，阖其门，署曰玉妃太真院。"歌曰："排空驭气奔如电，升天入地求之遍。上穷碧落下黄泉，两处茫茫皆不见。忽闻海上有仙山，山在虚无缥渺间。楼阁玲珑五云起，其中绰约多仙子。中有一人字太真，雪肤花貌参差是。"最不可解者为碧落黄泉皆无踪迹，而乃得之海山，人死为鬼宜居黄泉，即诗人之笔不忍以绝代丽质付之沉沦，升之碧落可矣，奚必海山哉？且歌传之旨俱至明晰，传云旁求四虚，明未曾升仙作鬼，仍居人间也；歌云两处茫茫皆不见，意亦正同；"忽闻"以下，尤可注意，自"海上有仙山"至"花貌参差是"，皆方士所闻也。使玉妃真居仙山，则孰见之而孰言之，孰言之而孰闻之耶？岂如《长生殿》所言天孙告杨通幽耶？夫马嵬坡下泥土中既失其尸矣，碧落黄泉既不得其魂魄矣，则羁身海山之太真，仙乎，鬼乎，人乎？明眼人必能辨之。且歌中此节，多狡狯语，"山在虚无缥渺间"，是言此亦人间一境耳，非必真有如此之海上仙山也；"其中绰约多仙子"，似群雌粥粥，太真盖非清净独居，唐之女道士院迹近倡家，非佳语也；"中有一人字太真"，上甫云多仙子，而此偏曰中有一人，明明点出一"人"字；"雪肤花貌参差是"，是方士来去以前，且有人见太真矣。其境界如何，不难想见。

写方士之见太真，正值其睡起之时，传曰："碧衣云，玉妃方寝，请少待之。于是云海沉沉，洞天日晚，琼户重阖，悄然无声。方士屏息敛足拱手门下，久之而碧衣延入。"歌曰："闻道汉家天子使，九华帐里梦魂惊。揽衣推枕起徘徊，珠箔银屏迤逦开。云鬓半偏新睡觉，花冠不整下堂来。"依传言，方士待之良久；依歌言，玉妃起得极仓皇，既曰"梦魂惊"，而"云鬓"、"花冠"两句又似钗横鬓乱矣，其间有无弦外微音，不敢妄说。

传为传奇体，小说家言或非信史；而白氏之歌行实诗史之巨擘，若所闻非实，又有关碍本朝，乌得而妄记耶？至少，宜信白氏之确有所闻，而所闻又惬合乎情理；否则，于尚论古人有所难通。吾辈既谓方士觅魂之说为非全然无稽，则可进一步考察其曾见杨妃与否；因使觅杨妃是一事，而觅着与否又是一事。依歌传所描写，委宛详尽明画知斯，似真见杨妃矣，然姑置不论。方士（姑以方士名之）持回之铁证有二：一为钿盒金钗，二为天宝十载密誓之语。夫钗盒或可偷盗拾取（近人有以"翠钿委地"句为钗盒之来源，亦未必然），而密誓殊难臆造。观传曰："夜殆半，休侍卫于东西厢，独侍上，上凭肩而立，因仰天感牛女事，密相誓心，愿世世为夫妇：此独君王知之耳。"歌曰："七月七日长生殿，夜半无人私语时。"曰"独侍"，曰"凭肩"，曰"无人私语"，是非方士所能窃听也。窃听既不得，臆造又不能，是方士确已见太真也。钿盒金钗人间之物，今分携而返，是且于人世见太真也。至于"天上人间会相见"，则以空言结再生之缘耳，正如玉溪生所云"海外徒闻更九洲，他生未卜此生休"，非有其他深意；"昭阳殿里恩爱绝，蓬莱宫中日月长"，明谓生离，不谓死别；况太真以贵妃之尊乃不免风尘之劫，贻闹壶之玷，可恨孰甚焉？故结之曰"天长地久有时尽，此恨绵绵无绝期"，言其耻辱终古不泯也。否则，马嵬之变，死一妇人耳，以长恨名篇，果何谓耶？

明皇知太真之在人间而不能收覆水，史乘之事势甚明，不成问题。况传曰："使者还奏太上皇，皇心震悼，日日不豫，其年夏四月南宫晏驾。"是明皇所闻本非佳讯，即卒于是年（肃宗宝应元年），而太真之死或且后于明皇也。按依章实斋氏所考，则其时太真亦一媪矣，而犹摇曳风情如此，亦异闻矣。吾以为其人大似清末之赛金花，而《彩云曲》实《长恨歌》之嫡系也。惟此等说法，大有焚琴煮鹤之诮耳。

爬梳本文，实颇明白而鲜疑滞，惟缺旁证为可憾耳。杜少陵之《哀江头》亦传太真事，曰："明眸皓齿今何在？血污游魂归不得。清渭东流剑阁深，去住彼此无消息。"曰去住，曰彼此，不知何指；若以此说解之，则上二句疑其已死，下二句又疑其或未死，两说并存欤？惟旧注以上指妃子游魂，下指明皇幸蜀，其说可通，故不宜曲为比附，取作佐证。且此事隐秘，事后渐流布于世，若乐天时闻之，在少陵时未必即有所闻也。他日如于其他记载续有所得，更当补订，以成信说。

今日仅有本文之直证，而无他书之旁证，只可传疑，未能取信。要之，当年之实事如何是一事，所传闻如何另是一事；故即使以此新说解释《长恨歌传》十分圆满，亦不过自圆其说而已，至多亦不过揣得作歌传之本旨而已（即此已颇夸大）。若求当年之秘事，则当以陈鸿语答之曰："世所不闻者，予非开元遗民不得知。"

（附记一）明皇与肃宗先后卒于同年，肃宗先病而明皇之卒甚骤，疑李辅国惧其复辟而弑之，观史称辅国猜忌明皇，通迁之于西内，流放高力士，不无蛛丝马迹。唐人亦有疑之者，韦绚《戎幕闲谈》曰："时肃宗大渐，辅国专朝，意西内之复有变故也。"此事与清季德宗西后之卒极相似。亦珍闻也。

（附记二）又宋王铚《默记》："元献（晏元献）因为僚属言唐小说：唐玄宗为上皇迁西内，李辅国令刺客夜携铁槌击其脑，玄宗卧未起，中其脑，皆作磬声，上皇惊谓刺者曰：'我固知命尽于汝手，然叶法善劝我服玉，今我脑骨皆成玉，且法善劝我服金丹，今有丹在首，固自难死，汝可破脑取丹，我乃可死矣。'刺客如其言，取丹乃死。"孙光宪《续通录》云："玄宗将死云：'上帝命我作孔升真人。'爆然有声，视之崩矣，亦微意也。"此亦可与上节参看。

十六年十一月十五日（留）

这是一篇很聪明的文章——对不对却另是一回事——同时也是一篇很自知分际的文章。此文末节所说甚诚实，我们生在百千年以后，要体会百千年以前的曲喻，只可以玩弄聪明，却不可以补苴信史也。

第八节　口说的史料对著文的史料

此一对当，自表面看来，我们自然觉得口说无凭，文书有证，其优劣之判别像是很简单的。然而事实亦不尽然。笔记小说虽是著于文字的材料，然性质实在是口说，所以口说与著文之对当在此范围内，即等于上文第二节所论列，现在不须再说，但说专凭口说传下来的史料。

专凭口说传下来的史料，在一切民族的初级多有之。《国语》（《左传》一部分材料在内）之来源即是口说的史料，若干战国子家所记的故事多属于此类。但中国的文化，自汉魏以来，有若干方面以文字为中心。故文字之记载被人看重，口说的流传不能广远；而历代新兴的民间传说，亦概因未得文人为之记录而失遗。宫帏遗闻，朝野杂事，每不能凭口说传于数十年之后，反观古昔无文字之民族，每有巫祝一特殊阶级，以口说传史料，竟能经数百年，未甚失其原样子者（《旧约》书之大部分由于口传，后世乃以之著史）。故祝史所用之语，每非当时之普通语言，而是早若干时期之语言。（此等口传的史料，每每将年代、世系、地域弄得乱七八糟，然亦有很精要的史事为之保留。转为文书史料所不逮。汉籍中之《蒙古源流》，即其显例也。

古代及中世之欧洲民族所有之口传史料，因文化之振兴及基督教之扩张而亡遗，独其成为神话作为诗歌者，以其文学之价值而得幸存，然已非纯粹之口传史事矣。近代工业文明尤是扫荡此等口传文学与史事者，幸百年之前，德俄诸国已有学者从事搜集，故东欧西亚之此等文学与史料，尚藉此著于文字者不少，而伊兰高加索斯拉夫封建之故事，民族之遗迹，颇有取资于此，以成今日史事知识者焉。

（此为傅斯年先生任教北京大学时的讲义中第四讲第一章，其余六讲尚缺。）

中国学术思想界之基本误谬

　　三年以前，英国杂志名《十九世纪与其后》者（*The Nineteenth Century and after*），载一推论东方民性之文。作者姓名，与其标题，今俱不能记忆。末节厚非东方文明，印吾心识上者，历久不灭。今举其词，大旨谓：

　　东方学术，病病生于根本；衡以亚利安人之文明，则前者为无机，后者为有机；前者为收敛，后者为进化。质言之，东方学术，自其胎性上言之，不能充量发展。傥喀郎（Chalons）之役，都尔（Toms）之军，条顿罗甸败北，匈奴或大食胜者，欧洲荣誉之历史，将随罗马帝国以覆亡。东方强族，纂承统绪，断不能若日耳曼人仪型先民，与之俱进。所谓近世文明者，永无望其出于亚细亚人之手；世间之上，更不能有优于希腊、超于罗马之政化。故亚利安族战胜异族，文明之战胜野蛮也，适宜文明战胜不适文明也。

移录此言，以启斯篇。当日拘于情感，深愤其狂诞，及今思之，东方思想界病中根本之说，昭信不诬。缩东方之范围，但就中国立论：西洋学术，何尝不多小误，要不如中国之远离根本，弥漫皆是。在西洋谬义日就减削，伐谬义之真理，日兴不已。在中国则因仍往贯，未见斩除；就令稍有斩除，新误谬又将代兴于无穷。可知中国学术，一切误谬之上，必有基本误谬，为其创造者。凡一切误谬所由生成，实此基本误谬为之潜率，而一切误谬不能日就减削，亦惟此基本误谬为之保持也。今欲起中国学术思想界于较高之境，惟有先除此谬，然后从此基本误谬以生一切误谬，可以"神遇而不以目视"，欲探西洋学术思想界之真域，亦惟有先除此谬，然后有以相容，不致隔越。欲知历来以及现在中国学术思想界之状况何若，亦惟有深察此弊之安在，然后得其实相也。

至于此种误谬，果为何物，非作者之陋所能尽量举答。故就一时觉察所及，说谈数端，与同趣者共商榷焉。

一、中国学术，以学为单位者至少，以人为单位者转多。前者谓之科学，后者谓之家学。家学者，所以学人，非所以学学也。历来号称学派者，无虑数百：其名其实，皆以人为基本，绝少以学科之分别，而分宗派者。纵有以学科不同，而立宗派，犹是以人为本，以学隶之，未尝以学为本，以人隶之。弟子之于师，私淑者之于前修，必尽其师或前修之所学，求其具体。师所不学，弟子亦不学；师学数科，弟子亦学数科；师学文学，则但就师所习之文学而学之，师外之文学不学也；师学玄学，则但就师所习之玄学而学之，师外之玄学不学也。无论何种学派，数传之后，必至黯然寡色，枯槁以死。诚以人为单位之学术，人存学举，人亡学息，万不能孳衍发展，求其进步。学术所以能致其深微者，端在分疆之清；分疆严明，然后造诣有独至。西洋近代学术，全以科学为单位，苟中国人本其"学人"之成心以习之，必若枘凿之不相容也。

　　二、中国学人，不认个性之存在，而以为人奴隶为其神圣之天职。每当辩论之会，辄引前代名家之言，以自矜重，以骇庸众，初不顾事理相违，言不相涉。西洋学术发展至今日地位者，全在折衷于良心，胸中独制标准；而以妄信古人依附前修为思想界莫大罪恶。中国历来学术思想界之主宰，概与此道相反。治理学则曰，"纂承道统"、"辅翼圣哲"；治文学则曰，"惧斯文之将坠，宣风声于不泯"；治朴学则曰，"功莫大于存古。"是其所学之目的，全在理古，理古之外，更无取于开新；全在依人，依人之外，更无许乎独断。于是陈陈相因，非非相衍，谬种流传，于今不沬。现于文学，则以仰纂古人为归宿；现于哲学，则以保持道统为职业；现于伦理，则忠为君奴，孝为亲奴，节为夫奴，亲亲为家族之奴。质而言之，中国学术思想界，不认有小己之存在，不许为个性之发展；但为地下陈死之人多造送葬之"俑"，更广为招致孝子贤孙，勉以"无改于父之道"。取物以譬之，犹之地下之隧宫，亦犹之地上之享庙，阴气森森，毫无生趣；导人于此黑暗世界，欲其自放光明，讵可得耶？

　　三、中国学人，不认时间之存在，不察形势之转移。每立一说，必谓行于百世，通于古今。持论不同，望空而谈，思想不宜放之无涯之域。欲言之有当，思之由轨。理宜深察四周之情形，详审时代之关系。与事实好合无间，亲切著明，然后免于漫汗之谈，诏人而信己。故学说愈真实者，所施之范围愈狭，所合之时代愈短。中国学者，专以"被之四海"、"放之古今"为贵，殊不知世上不能有此类广被久延之学说，更不知为此学说之人，导人浮浅，贻害无穷也。

四、中国学人，每不解计学上分工原理（Division of Labor），"各思以其道易天下"。殊类学术，皆一群之中，所不可少，交相为用，不容相非。自中国多数学人眼光中观之，惟有己之所肄，卓尔高标，自余艺学，举无足采。宋儒谈伦理，清儒谈名物，以范围言，则不相侵凌；以关系言，则交互为用：宜乎各作各事，不相议讥；而世之号称汉学者，必斥宋学于学术之外，然后快意；为宋学者，反其道以待汉学；壹若世上学术，仅此一家，惟此一家可易天下者。分工之理不明，流毒无有际涯。举其荦著者言之：则学人心境，造成偏浅之量，不容殊己，贱视异学。庄子谓之"各思以其道易天下"。究之，天下终不可易，而学术从此支离。此一端也。其才气大者，不知生有涯而知无涯，以为举天下之学术，皆吾分内所应知，"一事不知，以为深耻"。所学之范围愈广，所肄之程度愈薄，求与日月合其明，其结果乃不能与烛火争光。清代学者，每有此妄作。惠栋、钱大昕诸人，造诣所及，诚不能泯灭；独其无书不读，无学不肄，真无意识之尤。倘缩其范围，所发明者，必远倍于当日。此又一端也。凡此两者，一偏狭而一庞大，要皆归于无当；不知分工之理，误之诚不浅也。

五、中国学人，好谈致用，其结果乃至一无所用。学术之用，非必施于有政，然后谓之用。凡所以博物广闻，利用成器，启迪智慧，镕陶德性，学术之真用存焉。中国学人，每以此类之大用为无用，而别求其用于政治之中。举例言之，演绎封建之理，评其得失，固史学家当务之急，若求封建之行于后世，则谬妄矣。发明古音，亦文学界之要举，若谓"圣人复起，必举今日之音反之醇古"，则不可通矣。历来所谓读书致用，每多此类拘滞之谈。既强执不能用者而用之，其能用者，又无术以用之，亦终归于不能用。盖汗漫之病，深入肌髓，一经论及致用之方，便不削切，势必流入浮泛。他姑不论，但就政学言之，政学固全在乎致用者。历来谈政之士，多为庞大之词，绝少切时之论；宋之陈同甫、叶水心，清之龚定庵、魏默深，皆大言炎炎，凭空发抒，不问其果能见诸行事否也。今日最不可忽者：第一，宜知学问之用，强半在见于行事，而施于有政者尤希；第二，宜于致用之道，审之周详，勿复汗漫言之，变有用为无用也。

六、凡治学术，必有用以为学之器。学之得失，惟器之良劣足赖。西洋近世学术，发展至今日地步者，诚以逻辑家言，诣精致远，学术思想界为其率导，乃不流于左道也。名家之学，中土绝少，魏晋以后，全无言者；即当晚周之世，名家当途，造诣所及，远不能比德于大秦，更无论于近世欧洲。中国学术思想界之沉沦，此其一大原因。举事实以言之：墨家名学"本之于古者圣王之事"。引古人之言以为重，逻辑所不许者。墨子立"辩"，意在信人，而间执反对者之口，故有取于此，立为"第一表"。用于辩论则可，用于求真理之所在，真理或为往古所囿。魏晋以后，印度因明之学入中国，宜乎为中国学术之助矣。然因明主旨，在护法，不在求知。所谓"世间相违"、"自杀相违"者，逻辑不以为非，而因明悬为厉禁。旧义不许自破，世间不许相违，执此以求新知识，讵有得者？谈名学者，语焉不精，已至于此，若全不解名学之人，持论之无当，更无论矣。余尝谓中国学者之言，联想多而思想少，想象多而实验少，比喻多而推理少。持论之时，合于三段论法者绝鲜，出之于比喻者转繁。比喻之在中国，自成一种推理方式。如曰"天无二日，民无二王"，前辞为前提，后辞为结论。比喻乃其前提，心中所欲言乃其结论。天之二日，与民之二王，有何关系？说者之心，欲明无二王，而又无术以证之。遂取天之一日，以为譬况；壹若民之所以无二王者，为天之无二日故也。此种"比喻代推理"，宜若不出于学者之口，而晚周子家持论，每有似此者。孟子与告子辩"生之为性"，而取喻于"白羽"、"白雪"之"白"，径执"白"之不为"白"，以断"生"之不为"性"，此其曲折旋转，虽与"天无二日"之直下者不同，而其借成于比喻，并无二道。操此术以为推理之具，终古与逻辑相违，学术思想，更从何道以求发展。后代论玄学者、论文学者、论政治者，以至乎论艺术者，无不远离名学，任意牵合，词穷则继之以联想，而词不可尽；理穷则济之以比喻，而理无际涯。凡操觚之士，洋洋洒洒，动成数千言者，皆应用此类全违名学之具，为其修学致思之术，以成其说，以立其身，以树其名。此真所谓病痼生于心脾，厉气遍于骨髓者。形容其心识思想界，直一不合实际，不成系统，汗漫支离，恍惚窈冥之浑沌体而已。

七、吾又见中国学术思想界中，实有一种无形而有形之空洞间架，到处应用。在政治上，固此空洞架子也；在学问上，犹此空洞架子也；在文章上，犹此空洞架子也；在宗教上，犹此空洞架子也；在艺术上，犹此空洞架子也。于是千篇一面，一同而无不同；惟其到处可合，故无处能切合也。此病所中，重形式而不管精神，有排场不顾实在；中国人所想所行，皆此类矣。

上来所说，中国学术思想界根本上受病诸端，乃一时感觉所及，率尔写出，未遑为系统之研究，举一遗万，在所不免。然余有敢于自信者，则此类病痼，确为中国学术界所具有，非余轻薄旧遗，醉心殊学，妄立恶名，以厚诬之者。余尤深深此种病魔之势力，实足以主宰思想界，而主宰之结果，则贻害于无穷。余尝谥中国政治、宗教、学术、文学以恶号，闻者多怒其狂悖。就余良心裁判，虽不免措辞稍激，要非全无所谓。请道其谥，兼陈其旨，则"教皇政治"、"方士宗教"、"阴阳学术"、"偈咒文学"是也。

何谓教皇政治？独夫高居于上，用神秘之幻术，自卫其身，而氓氓者流，还以神秘待之。政治神秘，如一词然，不可分解，曾无人揭迷发覆，破此神秘，任其称天而行，制人行为，兼梏人心理，如教皇然。于是一治一乱，互为因果，相衍于无穷，历史黯然寡色。自秦以还，二千年间，尽可缩为一日也。

何谓方士宗教？中国宗教，原非一宗，然任执一派，无不含有方士（即今之道士）浑沌支离恶浊之气。佛教来自外国，宜与方士不侔。学者所谈，固远非道士之义；而中流以下，社会所信仰之佛教，无不与方士教义相糅，臭味相杂。自普通社会观之，二教固无差别。但存名称之异；自学者断之，同为浑浑噩噩初民之宗教。教义互窃互杂，由来已久。今为之总称，惟有谥为方士之宗教，庶几名实相称也。

何谓阴阳学术？中国历来谈学术者，多含神秘之作用。阴阳消息之语，五行生克之论，不绝于口。举其著者言之，郑玄为汉朝学术之代表，朱熹为宋朝学术之代表，郑氏深受纬书之化，朱氏坚信邵雍之言。自吾党观之，谈学术至京焦虞氏易说，皇极经世，潜虚诸书，可谓一文不值，全同梦呓。而历来学者，每于此大嚼不厌：哲学、伦理、政治（如"五帝德"、"三统循环"之说是）、文学（如曾氏古文四象是），及夫一切学术，皆与五行家言，相为杂糅。于是堪舆星命之人，皆被学者儒士之号，而学者亦必用术士之具，以成其学术，以文其浅陋，以自致于无声无臭之境。世固有卓尔自立，不为世风所惑者，而历来相衍，惟阴阳之学术为盛也。

何谓偈咒文学？中国文人，每置文章根本之义于不论，但求之于语言文字之末：又不肯以切合人情之法求之，但出以吊诡、骈文之涩晦者，声韵神情，更与和尚所诵偈辞咒语，全无分别。为碑志者，末缀四言韵语；为赞颂者亦然。其四言之作法，真可谓与偈辞咒语，异曲同工。又如当今某大名士之文，好为骈体，四字成言，字难意晦，生趣消乏，真偈咒之上选也。吾辈诚不宜执一派之文章，强加恶谥于中国文学。然中国文学中固有此一派，此一派又强有势力，则上荐高号，亦有由矣（又如孔子、老子、子思，世所谓圣人也。而《易系》、《老子》、《中庸》三书，文辞浑沌，一字可作数种解法。《易系》、《中庸》姑不具论，《老子》之书，使后人每托之以自树义，汉之"黄老"托之，晋之"老庄"托之，方士托之，浮屠亦托以为〔化胡〕之说，又有全不相干大野氏之子孙，"戏"谥为"玄元皇帝"。此固后人之不是，要亦老子之文，恍惚迷离，不可捉摸，有自取之咎也）·。凡此所说，焉能穷丑相于万一。又有心中欲言，口中不能举者；举一反三，可以推知受病之深矣。今试问果以何因受病至此，吾固将答曰，学术思想界中，基本误谬，运用潜行，陷于支离而不觉也。

今日修明中国学术之急务，非收容西洋思想界之精神乎？中国与西人交通以来，中西学术，固交战矣；战争结果，西土学术胜，而中国学术败矣。然惑古之徒，抱残守缺犹如彼，西来艺学，无济于中国又如此，推察其原，然后知中国思想界中，基本误谬，运用潜伏。本此误谬而行之，自与西洋思想扞格不入也。每见不求甚解之人，一方未能脱除中国思想界浑沌之劣质，一方勉强容纳西洋学说，而未能消化。二义相荡，势必至不能自身成统系，但及恍惚迷离之境，未臻亲切著明之域。有所持论，论至中间，即不解所谓，但闻不相联属之西洋人名、学名，诘屈聱牙，自其口出，放之至于无穷，而辩论终归于无结果。此其致弊之由，岂非因中国思想界之病根，入于肌髓，牢不可破；浑沌之性，偕之以具成，浮泛之论，因之以生衍。此病不除，无论抱残守缺，全无是处，即托身西洋学术，亦复百无一当。操中国思想界之基本误谬，以研西土近世之科学、哲学、文学，则西方学理，顿为东方误谬所同化，数年以来，"甚嚣尘上"之政论，无不借重于泰西学者之言。严格衡之，自少数明达积学者外，能解西洋学说真趣者几希。是其所思所言，与其所以腾诸简墨者，犹是帖括之遗腔，策论之思想，质而言之，犹是笼统之旧脑筋也。此笼统旧脑筋者，若干基本误谬活动之结果；凡此基本误谬，造成中国思想界之所以为中国思想界者也，亦所以区别中国思想界与西洋思想界者也。惟此基本误谬为中国思想界不良之特质，又为最有势力之特质，则欲澄清中国思想界，宜自去此基本误谬始。且惟此基本误谬分别中西思想界之根本精神，则欲收容西洋学术思想以为我用，宜先去此基本误谬，然后有以不相左耳。

（原载1918年4月15日《新青年》第四卷第四号）

中国历史分期之研究

　　凡研治"依据时间以为变迁"之学科，无不分期别世，以御纷繁，地质史有"世纪"、"期"、"代"之判，人类进化史有"石世"、"铜世"、"铁世"、"电世"之殊。若此类者，皆执一事以为标准，为之判别年代。一则察其递变之迹，然后得其概括；一则振其纲领之具，然后便于学者。通常所谓历史者，不限一端，而以政治变迁、社会递嬗为主体。试为之解，则人类精神之动作，现于时间，出于记载，为历史。寻其因果，考其年世，即其时日之推移，审其升沉之概要，为历史之学。历史学之所有事，原非一端，要以分期，为之基本。置分期于不言，则史事杂陈，樊然淆乱，无术以得其简约。疏其世代，不得谓为历史学也。世有以历史分期为无当者，谓时日转移，无迹可求，必于其间，斫为数段，纯是造作。不知变迁之迹，期年记之则不足，奕世计之则有余。取其大齐，以判其世，即其间转移历史之大事，以为变迁之界，于情甚合，于学甚便也。

西洋历史之分期，所谓"上世"、"中世"、"近世"者，与夫三世之中，所谓（Subdivisions）在今日已为定论。虽史家著书，小有出入，大体固无殊也。返观中国，论时会之转移，但以朝代为言。不知朝代与世期，虽不可谓全无关涉，终不可以一物视之。今文春秋有"见闻"、"传闻"之辩，其历史分期之始乎？春秋时代过短，判别年限，又从删述者本身遭际而言，非史书究竟义；后之为史学者，仅知朝代之辩，不解时期之殊，一姓之变迁诚不足据为分期之准也。日本桑原隲藏氏著《东洋史要》（后改名《支那史要》），始取西洋上古、中古、近古之说以分中国历史为四期。近年出版历史教科书，概以桑原氏为准，未见有变更其纲者。寻桑原氏所谓四期，一曰上古，断至秦皇一统，称之为汉族缔造时代。二曰中古，自秦皇一统至唐亡，称之为汉族极盛时代。三曰近古，自五季至明亡，称之为汉族渐衰，蒙古族代兴时代。四曰近世，括满清一代为言，称之为欧人东渐时代。似此分期，较之往日之不知分期，但论朝代者，得失之差，诚不可量。然一经中国著史学教科书者尽量取用，遂不可通。桑原氏书，虽以中华为主体，而远东诸民族自日本外，无不系之。既不限于一国，则分期之议，宜统合殊族以为断，不容专就一国历史之升降，分别年世，强执他族以就之。所谓汉族最盛时代，蒙古族最盛时代，欧人东渐时代者，皆远东历史之分期法，非中国历史之分期法。中国学者强执远东历史之分期，以为中国历史之分期，此其失固由桑原，又不尽在桑原也。且如桑原所分，尤有不可通者二端：一则分期标准之不一，二则误认历来所谓汉族者为古今一贯。请于二事分别言之。凡为一国历史之分期者，宜执一事以为标准。此一事者，一经据为标准之后，便不许复据他事别作标准。易词言之，据以分割一国历史时期之标准，必为单一，不得取标准于一事以上。如以种族之变迁分上世与中古，即应据种族之变迁分中世与近世，不得更据他事若政治改革、风俗易化者以分之。若既据种族以为大别，不得不别据政治以为细界，取政治以为分本者，但可于"支分"中行之（Subdivision）。不容与以种族为分别者平行齐列。今桑原氏之分期法，始以汉族升降为别，后又为东西交通为判，所据以为分本者，不能上下一贯，其弊一也。

中国历史上所谓"诸夏"、"汉族"者，虽自黄唐以来，立名无异。而其间外族混入之迹，无代不有。隋亡陈兴之间，尤为升降之枢纽。自汉迄唐，非由一系。汉代之中国与唐代之中国，万不可谓同出一族，更不可谓同一之中国。取西洋历史以为喻，汉世犹之罗马帝国，隋唐犹之察里曼后之罗马帝国，名号相衍，统绪相传，而实质大异。今桑原氏泯其代谢之迹，强合一致，名曰"汉族极盛时代"，是为巨谬（说详次节），其弊二也。凡此二弊，不容不矫。本篇所定之分期法，即自矫正现世普行桑原氏之分期法始。

以愚推测所及者言之，欲重分中国历史之期世，不可不注意下列四事。

一、宜知中国所谓汉族于陈隋之间大起变化

唐虞三代以至秦汉，君天下者皆号黄帝子孙。虽周起岐，沂秦起邠渭，与胡虏为邻，其地其人，固不离于中国。故唐虞以降，下迄魏晋，二千余年间，政治频革，风俗迥异，而有一线相承，历世不变者，则种族未改是也。其间北狄南蛮，入居边境，同化于汉族者，无代无有。然但有向化，而无混合。但有变夷，而无变夏。于汉族之所以为汉

族者，无增损也。至于晋之一统，汉族势力已成外强中干之势，永嘉建宁之乱，中原旧壤，沦于朔胡，旧族黎民，仅有孑遗，故西晋之亡，非关一姓之盛衰，实中原之亡也。重言之，周秦汉魏所传之中国，至于建兴而亡也。所幸者，江东有孙氏，而后缔造经营，别立国家，虽风俗民情，稍与中原异贯，要皆"中国之旧衣冠礼乐之所就，永嘉之后，江东贵焉"。为其纂承统绪，使中国民族与文化不随中原以俱沦也。江东之于中原，虽非大宗，要为入祧之别子。迄于陈亡，而中国尽失矣。王通作《元经》，书陈亡，而具晋、宋、齐、梁、陈五国，著其义曰："衣冠文物之旧……君子与其国焉，曰犹我中国之遗民也。"（《元经》卷九）故长城公丧其国家，不仅陈氏之亡，亦是江东衣冠道尽（改用陈叔宝语），江东衣冠道尽，是中国之亡。周秦汉魏所传之中国，至于建兴而丧其世守之域，至于祯明而亡其枝出之邦。祯明之在中国，当升降转移之枢纽，尤重于建兴，谈史者所不可忽也。

　　继陈者隋，隋外国也。继隋者唐，唐亦外国也。何以言之？君主者，往昔国家之代表也。隋唐皇室之母系，皆出自魏虏，其不纯为汉族甚明。唐之先公，曾姓大野，其原姓李氏，而赐姓大野欤？抑原姓大野，而冒认李姓欤？后人读史，不能无疑也。此犹可曰，一姓之事，无关中国也。则请举其大者言之。隋唐之人，先北朝而后南朝，正魏周而伪齐陈，直认索虏为父，不复知南朝之为中国。此犹可曰史家之词，无关事实也。则请举其更大者言之。隋唐将相，鲜卑姓至多，自负出于中国甲族之上；而皇室与当世之人，待之亦崇高于华人，此犹可曰贵族有然，非可一概论也。则请举其民俗言之。琵琶卑语，胡食胡服（见《颜氏家训》、《中华古今注》等书），流行士庶间，见于载记，可考者甚繁。于此可知，隋唐所谓中华，上承拓跋宇文之遗，与周汉魏晋不为一贯，不仅其皇室异也。风俗政教，固大殊矣。为史学者，不于陈亡之日，分期判世，而强合汉唐以一之，岂知汉唐两代民族颇殊，精神顿异，汉与周秦甚近，而与唐世甚远。唐与宋世甚近，而与南朝甚远。此非以年代言也。以历朝所以立国，所以成俗之精神，察之然后知其不可强合。今吾断言曰，自陈以上为"第一中国"，纯粹汉族之中国也。自隋至宋亡为"第二中国"，汉族为胡人所挟，变其精神，别成统系，不蒙前代者也。

二、宜知唐宋两代有汉胡消长之迹南宋之亡又为中国历史一大关键

自隋迄宋，为"第二中国"，既如上所述矣。此八百年中，虽为一线相承，而风俗未尝无变。自隋至于唐季（五代之名，甚不可通，中原与十国，地丑德齐，未便尊此抑彼。其时犹是唐之叔世，与其称为五季，不如称为唐季。可包南北一切列国，说详拙著札记），胡运方盛，当时风俗政教，汉胡相杂，虽年世愈后，胡气愈少，要之胡气未能尽灭。读唐世史家所载，说部所传，当知愚言之不妄也。至于周宋，胡气渐消，以至于无有。宋三百年间，尽是汉风。此其所以异于前代者也。就统绪相承以为言，则唐宋为一贯，就风气异同以立论，则唐宋有殊别，然唐宋之间，既有相接不能相隔之势，斯惟有取而合之，说明之曰"第二中国"，上与周汉魏晋江右之中国，对待分别可也。此"第二中国"者，至于靖康而丧其中原，犹晋之永嘉，至于祥兴而丧其江表，犹陈之祯明。祥兴之亡，第二中国随之俱亡，自此以后全为胡虏之运，虽其间明代光复故物，而为运终不长矣。祥兴于中国历史之位置，尤重于祯明。诚汉族升降一大关键也。

三、宜据中国种族之变迁升降为分期之标准

如上所云，"第一中国"、"第二中国"者，皆依汉族之变化升降以立论者也。陈亡隋代，为汉族变化之枢纽。宋亡元代，为汉族升降之枢纽。今为历史分期，宜取一事以为标准，而为此标准者，似以汉族之变化升降为最便。研究一国历史，不得不先辨其种族，诚以历史一物。不过种族与土地相乘之积，种族有其种族性，或曰种族色者（Racial Colour），具有主宰一切之能力。种族一经变化，历史必顿然改观。今取汉族之变化升降以为分期之标准，既合名学"分本必一之说"，又似得中国历史上变化之扼要，较之桑原氏忽以汉族盛衰为言，忽以欧人东渐为说者，颇觉简当也。

四、宜别作"枝分"（Subdivision），勿使与初分相混

如上所言，既以汉族之变化与升降为上世、中世、近世分期之标准，而每世之中，为年甚长，政俗大有改易，不可不别作"枝分"，使之纲目毕张。兹以政治变迁为上世枝分之分本，风俗改易为中世枝分之分本，种族代替为近世枝分之分本，合初分与枝分，图为下表，而说明之。

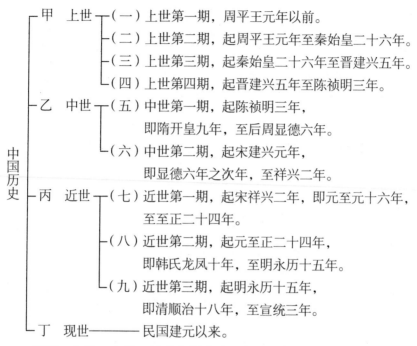

甲 上世 ┬（一）上世第一期，周平王元年以前。
         ├（二）上世第二期，起周平王元年至秦始皇二十六年。
         ├（三）上世第三期，起秦始皇二十六年至晋建兴五年。
         └（四）上世第四期，起晋建兴五年至陈祯明三年。

乙 中世 ┬（五）中世第一期，起陈祯明三年，
         │   即隋开皇九年，至后周显德六年。
         └（六）中世第二期，起宋建兴元年，
                即显德六年之次年，至祥兴二年。

丙 近世 ┬（七）近世第一期，起宋祥兴二年，即元至元十六年，
         │   至至正二十四年。
         ├（八）近世第二期，起元至正二十四年，
         │   即韩氏龙凤十年，至明永历十五年。
         └（九）近世第三期，起明永历十五年，
                即清顺治十八年，至宣统三年。

丁 现世 ——— 民国建元以来。

说明：上世、中世、近世之所由分，与中世第一、第二两期之所由分，俱详前。

周平王东迁以前，世所谓唐虞三代，此时期中。虽政治不无变化，而其详不可得闻，既无编年之史（《竹书纪年》不足信），又多传疑之说（夏殷无论，即如两周之文王受命，周公居东，厉王失国诸事，异说纷歧，所难折衷）。惟有比而同之，以为"传疑时代"。盖平王以降，始有信史可言。东周数百年间，政治风俗，上与西周有别，下与秦汉异趣。其时学术思想昌明，尤为先后所未有，故自为一期。

上古第三期，括秦、汉、魏、西晋四朝，为其政治成一系也。

上古第四期，括东晋、宋、齐、梁、陈五朝，为其政治成一系，风俗成一贯也。

近世第一期，括蒙古一代。第二期括明朝始终。第三期括满清一代。近世独以朝代为分者，以朝代之转移，即民族势力之转移故也。

分世别期，最难于断年。前期与后期交接之间，必有若干年岁，为过渡转移时代。合于前世，既觉未安，合于后期，更觉不可。今为画一之故，凡过渡时代均归前期。如上世、中世之交，有数朝为过渡转移期，全以归于上世。必于陈亡之后，始著中世。又如上古第一期与第二期之交，周赧入秦，与始皇一统间，数十年为过渡期。今以附于第一期，必俟六国次第以亡，然后著第二期。一切分期，除近世第一期外，俱仿此。近世第一期所以独为例外者，以元人入中国，与往例不同。未入中国时，固在朔漠，号称大汗。既摈出之后，又复其可汗之名，此于中国纯为侵入，故第二、第三期间，以吴始建国为断，不以顺帝北去为断。

分中国历史为如是三世，固觉有奇异之感焉。则三世者，各自为一系，与上不蒙，而上世、中世又有相似之平行趋向是也。北魏、北周第二期之缔造时，与上不相蒙者也。辽金第三期之缔造时，与上不相蒙者也。中世之隋唐，犹上世之秦汉，同为武功极盛之世。隋之一统与秦之一统，差有相似之点。中世之北宋，犹上世之魏晋，同为内政安人，外功不张之世。中世之南宋，犹上世之江左，同为不竞之世。南宋之亡，尤类陈亡。此上世、中世平行之趋向，不待详言者也。中世与近世，趋向绝殊，固由承宇文者为隋，代完颜者为元，辽与魏，金与周，已不可强同。元、隋更大异其性。此后之历史，遂毫无相似者矣。简言之，上世一系之中，所有朝代，但有相传，而无相灭；中世一系之中，亦但有相传，而无相灭；近世一系之中，但有相灭，而无相传。是非以帝族言也。以其立国之道，察之如是云尔。

余为此分期法，读者宜有所疑，以谓"梁陈不竞，半虏之隋唐，代承统绪，本汉族甚不名誉之事，如今日通行之分期法，合汉唐而一之，此丑可掩。今分而为二，非所以扬历史之光荣也"。余将答此说曰，学问之道，全在求是。是之所在，不容讳言其丑。今但求是而已，非所论于感情。余深察汉、唐两代，实不能比而同之，纵使违心徇情，比而同之，读史者自可发觉，欺人无益也。陈隋间之往事，曷尝不堪发愤。要不可与研究史学之真相，混合言之。

（原载1918年4月17日至23日《北京大学日刊》）

中国文学史分期之研究

　　近年坊间刊行之中国文学史，于分期一端，绝少致意。竟有不分时代，囫囵言之者；间为分期之事，亦不能断画称情。览其据以分期之意旨，恒觉支离。此亦一憾事也。北京大学文科国文门规定分中国文学史之教授为三段：一曰上古，自黄帝至建安；二曰中古，自建安至唐；三曰近古，自唐至清朝。似此分法，大体可行。然于古今文学转变之枢机，尚有未惬余意者。就余所知，似分四期为宜。今列举如下。

　　一、上古。自商末叶至战国末叶。

　　二、中古。自秦始皇统一至初唐之末。

　　三、近古。自盛唐之始至明中叶。

四、近代。自明弘嘉而后至今。

谈文学史者，恒谓中国文学始于黄帝。此语骤观之似亦可通，细按之则殊未允。黄帝时书皆不传，今但有伪《内经》而已。虽残缺歌谣，有一二流传至今，正不能执此一二残缺歌谣，以为当时有文学之证。何者？此一二残缺歌谣，不足当文学之名也。其后有所谓《虞书》者，今所传《尧典》（伪孔舜典在内）是也。此篇文辞，大类后人碑铭墓志，决非荒古之文。寻其梗概，与《大戴礼记》中《宰予问》、《五帝德》无殊。开始即曰"稽古"，作于后代可知。意者同为孟子所谓传，汉世所谓儒家所传之书传；其后真《尧典》亡佚，遂取《尧典》之传以代之（说详拙著《尚书十论》）。《尧典》既不可据，则当时文学，不可得言。《虞书》有"诗言志，歌永言，声依永，律和声"之语；《尚书大传》载卿云之歌。舜时文学，似已可谓成立矣。然《虞书》仅有诗之名，诗之实未尝传于后代，卿云诸歌，又未可确信为真。故不能以虞代为中国文学所托始，"有夏承之，篇章泯弃，靡有孑遗"（郑康成《诗谱序语》）。其他散文，《禹贡·甘誓》颇可信。然《禹贡》仅言地理，甘誓不过诏令，不足当文学之名。至于商朝，虽郑康成以为"不风不雅"，而颂实存。古文家以《商颂》为商代之旧，由今文家言之，则西周之末正考父作。今以《商颂》文词断其先后，似古文家义为长（余固从今文非古文者，独此说不可一概论）。纵以颂非商旧，而风中实有殷遗。《周南·汝坟》之二章云，"鲂鱼赬尾，王室如毁。虽则如毁，父母孔迩"。此为殷末之作，决然无疑（汝坟为殷畿内水）。又《关雎》篇云，"在河之洲"。章太炎先生云，"南国无河！岐去河亦三四百里。今诗人举河洲，是为被及殷域，不越其望。且师挚殷之神瞽：殷无风，不采诗，而挚犹治关雎之乱，明其事涉殷"。此《关雎》为殷诗之确证。今第一期托始于商者，以《商颂》存于后世，商末诗歌犹可见其一面，至于前此而往，自黄帝至于夏年，以理推之，不可谓无文学，然其文学既不传于后世，断不可取半信半疑之短歌以证其文学，惟有置之。编文学史而托始黄、唐、虞、夏，泰甚之举也。

西周文学大盛矣。韵文则有"诗"，无韵文则有"史"、有"礼"。从文学之真义，"礼"不能尸文学之名。然舍"礼"而仅论《雅》、《颂》、《豳风》、《二南》，其文学固可观也。东周可谓中国文学最自由发达之时代。约而论之，可分六派。一曰"诗人"之文学，邶以下之风（除豳），与所谓"变雅"者是。二曰"史家"之文学，《国语》（《左传》在内）、《战国策》、《吴越春秋》、《越绝书》是（此数种未必尽真）。三曰"子家"之文学，孔子之《易系》、子思之《中庸》、《老子》、《墨子》、《庄子》、《荀子》、《韩非子》之类是。四曰"赋"之文学，荀卿之"赋"是（荀"赋"之体，必当时有之，作者谅不仅荀子一人，特传后者，惟荀子耳）。五曰"楚辞"之文学，屈平、宋玉、景差所为者是。六曰歌谣之文学，散见之歌谣是。凡此诸派，各不相同，然有普遍之精神，则自由发展，有创造之能力，不遵一格是也。故以文情而论，同在一时，而异其旨趣；以形式而论，师弟之间而变其名称（屈辞、宋赋，体各不同）。今试执此时所出产之文学互比较之，有二家相同者乎？无有也。是真可谓中国文学最自由之时代矣。降至汉朝，此风顿熄。未知东周之政治思想，不与秦汉侔，则知东周文学不可与秦汉合也。

自秦至于"初唐"为中国骈俪文学历层演化之期。此时期间，文学之推移，恒遵此一定趋向，不入他轨。若前期之自由发展，不守一线者，概乎未之闻焉。秦代文学特出者，李斯一人耳。此人之推翻东周文学，犹其推翻东周政治与思想也。李斯之文今存者，当以诸《刻石》与《谏逐客书》为代表。《刻石》之文，一变前人风气；诚如李申耆所云，"亦焚诗书之故智"。其赫赫之情，与其四字成章之体，后世骈文之初祖，"庙堂制作"之所由昉也。《谏逐客书》一文，多铺张，善偶语，直类东汉之文矣。西汉司马相如、扬雄之赋，用古典，好堆砌；故虽非骈文，而为后世骈文树之风声（汉赋乃楚辞之变，文体差近，故分文学时代者，每合楚汉为言。其实楚词、汉赋，貌同心异，论其质素，绝不侔也）。至于东汉魏晋之世，竟渐成对偶铺排之体。宋齐而降，规律益严。至于陈周之徐、庾，"初唐"之王、杨，骈体大成矣。此将千年间，直可谓风气一贯。自李斯始，俪体逐渐发达，经若干阶级，直至文成骈，诗成律，然后止焉。此时期中，岂少不遵此轨者。若汉之贾谊，犹存楚风，枚、李五言，不同词赋，王充好以白话入文，陶潜不用时人之体。然皆自成风气，为其独至。或托体非当时士大夫所用之裁（如枚、李五言之体，在当时不过里巷用之，士人不为。东汉以后，士人始渐作五言耳），或文词不见重于当代（如王充），或仅持前代将沫之风（如贾谊之赋），或远违时人所崇（如陶潜是。当时时尚之五言诗乃颜、谢一派，而非陶也），皆不能风被一世。其风被一世者，皆促骈文之进化者也。平情论之，中国语言为单音，发生骈文律诗之体，所不能免也。然以骈文之发达，竟使真文学不能出现，此俳优偶咒之伪文学，乃充满世间，诚可惜耳。此时期中，惟有五言诗、杂体诗为真有价值之文学。然五言至于潘、陆，中病已深；齐梁以后，成为律体，更不足道焉。

骈文演进，造于极端，于是有革命之反响。此革命者，未尝明言革命，皆托词曰复古。虽然，复古其始也，自创其继也；复古托词也，自创事实也。贵古贱今，中国人之通性。不曰复古，无以信当世之人。然其所复之古，乃其一己之古，而非古人之古。此种革命之动机，酝酿于隋唐之际，成功于"盛唐"之时。隋炀、唐太，皆有变古之才。至于"盛唐"，诗之新体大盛；至于"中唐"，文之新体大盛；六朝风气渐歇矣。以文体言，唐代新体有数种：七言诗（六朝人固有七言，如鲍照之论，然不过用于歌曲，偶一为之，未能成正体）、词、新体小说等是。世谓开元、元和之世，诗多创格，不为虚语。以文情论，六朝华贵之习渐堙，唐代文学，渐有平民气味，即是以观，不谓唐文学对于六朝为新文学不可也。宋元文学又多新制。要之，此时期中，可谓数种新文学发展期。其与第二期绝不同者，彼就骈文之演进，一线而行；此则不拘一格，各创新体，亦稍能自由者也。又此期之新文学，可分二类。甲为不通俗的新文学；若杜子美、白香山之诗，韩退之、柳子厚之文，以至宋人之散文、七言诗等是。此种文体，含复古之性质。乙为通俗之新文学。如白话小说、词、曲剧等是。此种文体，唐代露其端，宋元成其风气。以文学正义而论，此最可宝贵者也。乃二种新文学演化之结果，甲种据骈文专制之地位，囊括一世，乙种竟不齿于文学之列。寻其所由，盖缘为乙种新文学者，不能自固其义，每借骈文、律诗之恶习以自重，因而其体不专，其旨不能深造，其价值不能昭著。且中国之暗乱政治，惟有骈文可以与之合拍；固不容真有价值之通俗文学，尽量发达也。

　　词、曲之风，明初犹盛。故明之前叶，宜归于第三期。然自弘治、嘉靖而后，所谓"前后七子"者出，倡复古之论。于是文复古，诗亦复古，词亦复古。戏曲无古可复，则捐弃不道。道之者则变自然之体，刻意卖弄笔墨；是直不啻戏剧之自杀。其后则有经学之复古，今文学之复古。自明中叶至于今兹，皆在复古期中。经学今文学之复古，有益于学问界者甚大。盖前者可使学人思想近于科学（汉学家），后者可为未来之新思想作之前驱（今文学派）。独文学之复古，流弊无穷。故中国人之"李奈桑斯"，利诚有之，害亦不少也。条举其弊，则文学之美恶，无自定之标准，但依古人以为断；于是是非之问题，变为古不古之问题。既与古人求其合，必与今人成其分离。文学与人生不免有离婚之情，而中国文学遂成为不近人情，不合人性之伪文学（Inhuman Literature）。质言之，此时期中最著之文学家，下之仅是隶胥，上之亦不过书蠹。虽卓异之才，如毛奇龄、恽敬、龚自珍者亦徒为风气所囿，不能至真文学之境界，不得不出于怪诞。固亦有不随时流，自铸伟辞，若曹雪芹、吴敏轩者，然不过独善其文，未能革此复古之风气也。

中国文学史既分为如是四期。今再为每期定一专名，以形容之。

第一期，上古。"文学自由发展期"。

第二期，中古。"骈俪文体演进期"。

第三期，近古。"新文学代兴期"。

第四期，近代。"文学复古期"。

今中国之新文学已露萌芽，将来作文学史者如何断代，未可逆料，要视主持新文学者魄力如何耳。

（原载1919年2月1日《新潮》第一卷第二号）

评丁文江的《历史人物与地理的关系》

（与顾颉刚书中的一节）

这篇文章我非常的爱读，当时即连着看了好几遍。我信这篇文章实在很有刺激性，就是说，很刺激我们从些在欧洲虽已是经常，而在中国却尚未尝有人去切实地弄过的新观点、新方术，去研究中国历史。又很提醒我们些地方。但这篇文章的功绩，在此时却只是限于这个胎形，看来像是有后文，我们却不能承认其中证求得的事实为成立。而且这种方法也不是可以全不待讨论的。丁先生的文章我只看见过《中国与哲嗣学》的下半篇和这篇，和"科玄之战"的文章。从科玄之战的文章看来（特别是后一篇），可以知道作者思想的坚实分析力，在中国现在实在希有，决非对手方面的人物所能当，而他这一些文章，都给我一个显然的印观，就是丁君在求学问的线路上，很受了Sir Francis Galton，Prof. Karl Pearson一派的影响，而去试着用统计方法于各种事物上，包括着人文科学。这实在是件好事。我们且于丁先生的施用上，仔仔细细看一下子。

（点一）拿现在的省为单位去分割一部"二十四朝之史"（从曾毅先生的名词）中的人物，不能说没有毛病。把现在省拿来作单位，去分割元明清三朝的人物是大略可以的；拿省作单位去分割前此而上的人，反而把当时人物在当时地理上的分配之真正Perspective零乱啦。略举一两个例，汉时三辅三河七郡合来成一个司隶校尉部区，三辅是京畿，而三河每可说是京畿文物之别府，文物最高的地方。这实在是一个单位。而若拿现在省划分，使得三辅与当年的边塞为一单位，三河大部分与汝汉为一单位，小部分与雁门代郡为一单位，便把当时人物照当时地理（就是说郡国）分配的样子失啦。丁先生的表是个英语文法在汉语中分配的表，而从此推论到"即如前汉的都城在陕西，而陕西所出的人物，还抵不上江苏，更不必说山东河南了"。仿佛像是几百或千年后北京划得与东蒙车臣汗沙漠同区，统名蓟北部，有历史家曰，"蓟北是千年建都之地，而所出人物，反不及今一中部，更不必说大部了"。这话可以行吗？假如我们不拿现在的省为单位，而拿当年的郡国为单位，恐怕这话就不这样了。东汉于郡上有了州，说起来容易些。东汉的陕西所以人物少者，因为当时的陕西（司隶校尉）的大部分精华在省外，而省内有些与当时的陕西毫无相干的地方（朔方迤南，当时边塞，不属畿辅）。江苏的人物所以多者，也正以当时的江北老把江南的分数带着提高。不然，吴郡自身在西汉恐怕也不过和东汉样的。况且今之省域，不即合于当时的国界。所以这表中直隶、甘肃之在北宋（燕云十六州已属契丹，甘肃已属夏），河南、安徽、江苏之在南宋（交界区）……等，都是困难的物事。又如把南宋的中国和现在列省中的中国为一般的排对比，自然事实上出入很多。

但既不用一贯的百分单位，比起来，又怎么办？我回答说，我根本上不赞成这个表。如果制一个表，必须比这个详细的多。不在当年"中国"的境内的即不应一般待遇去百分，而当年国界、省界也要注明。或者把省分为数部（如今道区），比起来可以不太妨碍；当时区划也不妨碍一统一体的比较。余详下文。

（点二）丁君从他所造的表中推比了许多事实和现象，但这些事实和现象和这个表中的数目字，严格说起，多毫无有直接的关系，这些推比也但是些预期Anticipations而已。换句话说，这些推比的事件多是我们时常所想及，如建都的关系，都城外更有文化中心一种事实，地方与"龙兴"的关系，物质与文物，殖民同避乱的影响……等等，都是我们读起历史来便引想到的题目。但我们对于这些题目，有意思而有的意思无界略，总而言之，都是些多多少少模糊着待考的意思。现在丁先生这表中的数目字，也并不能给我们这些待考的意思一判然的决定。这些意思与这些间的关系，只是联想，不相决定的"因数"。这类，看起来像很科学的，而实在是"预期"之件，颇有危险。

（点三）第一表所以不见得能得好成就者，因为包罗太宽大，立意上太普遍，而强从一个无从分析的表中去分析事实。至于第二表，却是一件极好的作品，这一表之所以成功，正因为题目是有限而一定，不如上一表一样。这个表中的意思，也或者可以有斟酌的地方。鼎甲数虽然不受省分的制限，但恐怕也不能说是完全自由竞争的结果，尤其不见得鼎甲是能代表文化。我很疑心有下列二种分数在其中有贡献。（一）考试官与投考者乡族的关系。如考官中多是昔年的鼎甲，恐即有偏于其同乡的趋势（典试不密书）。（二）考殿试竟成了一种专门的技术，如某一地方最便宜于殿试所需要的各种质素，则这一地方所出之科甲为多，然我们却不能竟拿它出科甲的数目为文化最高的数目。此两点均可于我们贵县在清朝多出状元一件事实中证明。但如果明朝不如清朝在考试上之腐败，则此层即不成问题了。不过我们看来，明朝晚年士林中，那种讲师生门第交游等等一切的净恶习惯，恐怕好不到那里去。言归正传，这一个表却是把他所要证明的东西之一件证明了，就是下一个消极证，官定的各省科举额，不足代表各省的程度，不过分数上尚有斟酌呵！

（点四）丁先生谓在两汉的时代，中国文化分布的不平均，后渐平均，到了明朝至平均，这恐怕也是因为拿着现在的单位去比量才有这个现象。浙江之在西汉，犹之乎今之吉林，恐尚不及福建等省，则等于黑龙江阿山道之间。所以在后汉，广东、贵州、云南、奉天"都是零"。与其说是文化不平均，毋宁谓为这些地方之为中国，意义上尚不尽完全。如果我们做一个中华民国时代的表，势必至于外蒙、西藏（康省除外）、青海下面加零，吉黑三特别区，新疆、阿山、贵州下面加一个很小的分数，其相貌或与汉朝差不多。至于在各种意义上，完全为中国之地方，如关、洛、汝、汉、淮、泗及沿着黄河的郡国，细比起来，其平均或不平均，恐与今之各省之平均相等。是则丁君所谓古不平均今平均，又一幻境也。总而言之，这事实与其谓为当年文化之不平均，毋宁谓是现在的中国大得多了。

把上列几点约起来，我对于这篇文章的一个一般的印象，是觉着把统计方法应用在历史一类的研究上尤其要仔细。普通说起，凡是分布上凌迟出入的事实，都可应用统计方法，而这样分布上凌迟出入的事实，几乎是可研究的事实之大部分。但统计方法的收效，也以它所施用的材料之性质为断。统计方法最收效的地方，是天文。岂特如此，我们竟可说天文是统计学的产生地。因为统计方法之理论，几乎都是从天文学中造端，而近代统计学方法之立基柱者Quetelet，自身是比利时的钦天监。这正因为天文学上的数目，我们用来做统计学的比较的，总是单元

（Homogeneous），而所用数目，多半是由我们所限定的标准造出的。就是说，我们对于这些数目有管辖之可能。几乎到了生物学的事实上，就不这样便宜。虽然这些数目还是由我们定的标准产出，然而事实的性质已远不如天文事实之单元，实在是些复元的（Heterogeneous）。至于历史现象，我们不能使它再回来，去量一下子，又是极复元的物事，故如不从小地方细细推求比论，而以一个样子定好如当代欧美都市统计表一般的形状，加上，恐怕有点疏误。历史本是一个破罐子，缺边掉底，折把残嘴，果真由我们一整齐了，便有我们主观的分数加进了。我不赞成这个以现在省为二千年历史的总单位，去百分国土大小很不相等的各时的人，正是因为这表太整齐，这表里面的事实却是太不整齐。

研究历史要时时存着统计的观念，因为历史事实都是聚象事实（mass-facts）。然而直接用起统计方法来，可须小心着，因为历史上所存的数目多是不大适用的。

假如丁君把这一个大表变散为小点去研究，恐怕收效比现在多得多。现在略举几个提议：——

（一）以当年的州郡为单位，去求方里数目、户口数目、财赋数目三件之互相比例。假如能画成地图，以比例率之轻重为颜色上之浅深，或者其分配上更可提醒些事。（二）把世族（姑假定有二人同出一家同有传者即为世族，更于其中以年代分类）按州郡列一个表，再把非世族之人物照州郡之分配者和它一比，恐怕使我们显然见得文化低的地方多非世族，文化高的地方多世族（母系有可考者即列，如杨恽为司马子长外孙之类）。（三）把历代的世族比较一下，比较他们在人物中的百分数目，在各类职业文官、武将、文学等的分配比较，或者更有些事实可得到。此时没有根据，但人们免不了泛着去想由东汉至唐，世家之渐重，实在是当时社会组织上很大的一个象征。宋后世族衰，是一个社会组织上很大的变化，这三件正是偶然想起，其实中国历史上可用数目表图研究的题目很多。Richter拿字数统计去定Plato语之先后，何况历史上的实事呢。但总以从有界画的题目做去，似乎才妥当。

我可以把上文总结起来，说：丁君这一种方法，将来仔细设施起来，定收很好的效果，不过他这文（特别是第一表）却但是一个大辂的椎轮，我们不取这篇文章所得的结果，因为它们不是结果；但取这篇文章的提议，因为它有将来。

至于他论唐朝与外族的一段，完全和我的意思一样。汉唐决不能合作一个直线去论，我曾于《中国历史分期的研究》详细说过。这篇文章大约是民国七年春天登在《北京大学日刊》上的，错字连篇。原稿我仿佛交给你了。是么？我在这篇文章用所谓"元经"的话。谓陈亡是"晋宋齐梁陈亡，中国亡"。永嘉南渡前为"第一中国"。南渡后失其故地，而尚有第一中国之半，犹一线也。隋唐两代实是以五胡拓跋为原始，合着有踏跋的剩余再造的。所以唐朝文物习惯从南朝，而生活的精神反截然和南朝两样。这个第二中国，固然在文化上仍是因袭第一中国，然一要部分亦以苻秦拓跋为根据（苻秦拓跋都有中国以外的领土，又恰恰这个时候是西域文化最高的时候，故即无人种变化，亦甚能使文化历史入一新期）。大野三百年一统后（这个一统之为一统，也和我们五族共和之为共和一样），大乱上一回，生出了一个文化最细密的宋朝。在许多地方上，宋朝是中国文化最高点。这第二中国与第一中国之为一线，不是甚深的现象。其内容上所谓南北朝之纷乱，决不等于三国唐季，而实是一个民族再造的局面，恐怕这个时期是历史上最大的关节了。汉朝盛时只是中国的，唐朝盛时颇有点世界的意味。这固然也由于汉朝接触的外国除西域很小的一部分外都蛮夷，而唐朝所接触恰在西域和亚剌伯文化最盛期，但要不是自身民族上起了变化，就是说等于社会组织和生活的趋向上起了变化，这外来的影响究竟不容易济事。梁陈的"冢中枯骨"局面是不能使民族的生命继续下的。或者殷周之际，中国的大启文化，也有点种族关系正未可知。要之中国历史与中国人种之关系是很可研究的。

（按，此书写于1924年正月二月间，丁氏原文载在《努力周刊》。颉刚记。）

（原载1928年1月3日《国立第一中山大学语言历史学研究所周刊》第一集第十期）

附：历史人物与地理的关系

历史同地理的关系，是近代科学上最有兴味的问题，也是最没有解决的问题。布克儿（T·Ruckl）是19世纪用科学知识研究历史的第一个人。照他的学说：凡人类的历史，都是气候、土壤、交通的关系。这种物理派的历史观，在他的《文化史》（History of Civilization）出版的时候很有势力。到了19世纪末纪，遗传性的研究，渐渐进步，于是注重种族的比注重环境的学者要多。美国的格兰特（Grant）就是极端主张种族论的人，但是他的研究方法是不科学的，不足以做遗传性历史论的代表。最近美国学者如伍治（F·A·Woods）用遗传性研究欧洲历史上的人物，贡献很多。他的主张是一国的历史，是种族的根性同偶然发生的首领所造成的。他所著的书，如《皇族与遗传性》（Heredity in Royalty）是近代历史学上的名著。同时研究地理学的人，还是主张文化是气候的产物，不过他们不复如布克儿那们极端，那们简单。汉亭顿（E·Huntington）就是这一派人中最有成绩的。但是无论我们对于种族，环境同偶然产生的首领，这三种势力，偏重在哪一种，总应该承认地理同历史有密切的关系，因为广义的地理，包括生在地上的人种。

中国人是最注重籍贯的，所以遇见了一个生人，问了他的尊姓大名，就要问他是哪一省哪一县的人，因为我们脑筋里头觉得"湖北人"、"广东人"、"江苏人"、"山西人"……这种名词，是代表这几省人的特性；知道一个人的籍贯，就知道了他是我们心里头的哪一类。这不但中国人如此，就是欧美的人也是如此。说到了新下台的英相乔冶，不知不觉就想起他是维尔司的人。美国选举总统，第一个问题，就是他还是生在南几省或是北几省。所以若是我们把中国历史上的有名的人物，照他们的籍贯，做一个统计，看看一个时代之中，哪一个地方的人，在政治上，社会上最有势力，最有影响，岂不是很有兴味的？

这一种研究，最困难的是定历史人物的标准。一个人有怎么样的资格，才配做历史人物呢？伍治研究欧洲人物的时候，完全用一种客观的方法。譬如他研究一个时代皇室的人物，就把所有那时代的书籍，细细的读过。凡有提起皇室人物的地方，都抄了出来，做一个详细的统计：看看哪一个最受人称赞或是批评；称赞、批评，又到如何程度；然后决定当时人的总判断，拿来做标准。又如他研究近代有名的科学家，就把他所晓得的名字开了出来，请现代的科学家投票，这两种方法，都是极其费工夫，而且对于中国的历史，不很适用。我为简便起见，暂时用了一个武断的标准：把《二十四史》来做我的下手地方，凡有二十四史上有列传的，都假定他是"历史人物"，假定是我研究的一种单位，然后拿他们的籍贯来计算一时代中哪一个地方，历史人物的数目最多。

用这一种方法，有两个大缺点：第一是行业不同的人，混在一块计算。文艺家同将帅，性质虽不相同；照我这种方法，都算是一个单位。第二是程度不同的人，没有区别。绝大的人物，如张江陵、王守仁只算一个人；极小的人物，仅仅够得上有列传的，也要算一个人。所以进一步的研究第一是要分类，第二是要分等。但是分类、分等，都有主观的毛病，而且很费时间的。这一次的研究，只能算一种粗浅的统计。好的统计的人数较多，两种毛病都可以减少。因为无论一个人是甚么事业，二十四史上有了列传，总是那个时代的一个人物；对于社会政治，总有一种影响，不妨视为一类，与没有列传的人区别。至于有分等的毛病，只要地方的单位大，也就可以减除，譬如湖北出了一个大人物张江陵，当然同时明史上有传的湖北人，就有许多小人物。以此类推，无论哪一省都是如此。假如拿省替省比，大小人物混在一齐，各省同时吃亏，同时占便宜，虽然不能全公道，也并非全不公道。

第二种困难，是地方单位问题。我们这种研究，是要知道人物与地理的关系，但是地理包括地文、人文两种。若是以地文为标准，浙江的温处台应该归入福建，不能同浙西在一个单位之内。但是就文化而论，温处台同福建的关系浅，同浙西的关系深。诸如此类，不胜枚举。所以要求一个地文、人文相合，而且区域较大的地方来做单位，是不可能的。我再四斟酌，还是拿省来做单位，较为妥当。一来这种单位，不用说明；二来省是一种政治的地理单位，与政治有多少关系；三来现在的省分，虽不能合于科学的地文、人文标准，然而可以算折中于二者之间。

我所谓历史人物，是指历史上有势力的人物而言，所以不论善恶邪正，只要当日他的言行，曾有影响于政治社会的，都一概收入。

这种统计，系各地方人物贡献的比较，所以只能就统一的时代研究，因为分裂的时代，各省自然有各省的首领，无从混合计算。秦以前是封建政治；就是秦代，时间太短，也当然不在研究范围之内。秦以后共分六期：一前汉，二后汉，三唐，四北宋，五南宋，六明。元朝不但是蒙古人的世界，而且时间不长，政治上有特别的组织，暂时可以置之不论。至于前清，一则清史未成，没有同二十四史一样官书，可以做根据，而且私家著述很多，材料较为丰富，应该提出另行研究。这一次的讨论，只限于上边所举的六代。这六代有列传的人，有六千多人；有簿贯可考的，也有五千七百多人。因为古今地名不同，逐一的考证起来，颇费时日；仅仅对过一遍，错误恐不能免，不过这种错误，对于各省的百分率数目，不能有很大的影响，所以我大胆先把现在研究的结果，做成一个表，一张图，发表了出来，希望引起历史学者的兴味，多几个人来用这种方法研究中国历史。

我们把上边表（见下页——编者）上的数目，详细分析起来，第一件可以引起我们注意的，是在一时代以内，各省人物的贡献，数目至不平均。即如后汉一代，最多的是河南，百分率在三十七以上，其余广东、贵州、云南、奉天，都是零；江西、湖南、福建、广西，四省都在一以下；山西、江苏、浙江、湖北，都在五以下。然而同一个省分，在六个时代之内一时代的贡献，又与其他时代相距的很远；即如河南在后汉是百分之三十七，到了明不过百分之七，江西在前后汉都在千分之五以下，到了明就有百分之十一以上。这种人物分数的变化，实足以代表文化中心的转移。这又是甚么原因呢？

第一个最明显的原因，是建都的关系。即如后汉，北宋都在河南建都，所以河南的人物最盛，南宋都城在浙江，唐的都城在陕西，所以浙江在南宋，陕西在唐，人物最盛。况且二十四史上的人物，虽不全与政治有关，但是最大的部分是官吏。官吏是从考试得来的，重要的考试，都在都城：离都近的省分，考试先占了便宜，人物也自然容易出头，但是距都城远近，不是人物贡献的惟一原因，又有很明显的证据。即如前汉的都城在陕西，而陕西所出的人物，还抵不上江苏，更不必说山东、河南了。明的都城在直隶，然而江苏、浙江、江西、安徽四省的人物，都比它多。无论哪一代，四川比湖北远，而四川六代的平均分数是四，湖北是二；云南、广西都比贵州远，然而有明一代，贵州的人物，不如云南、广西。足见得都城的地位，虽是很有关系，然而决不是人物变迁的惟一原因。大概文化的中心比都城的地位重要。若是都城也是那时代的文化中心，建都的省分，人物自然比他省要多。不然，还是文化中心要紧。

省别	前汉		后汉		唐		北宋		南宋		明	
	人数	百分率	人数	百分率	人数	百分率	人数	百分率	人数	百分率	人数	百分率
陕西	22	20.58	73	15.97	261	20.4	63	4.31	6	0.99	10	4.51
直隶	21	10.1	28	6.12	223	17.6	212	14.5	7	1.16	128	7.23
山西	10	4.92	16	3.50	182	14.2	141	9.65	17	2.81	56	3.16
河南	39	18.75	170	37.20	219	17.1	324	22.18	37	6.12	123	6.94
山东	61	29.33	57	12.47	97	7.6	156	10.68	13	2.15	93	5.15
江苏	23	11.06	13	2.84	82	6.4	97	6.63	49	8.10	24	13.61
浙江	2	0.96	14	2.99	34	2.77	84	5.74	36	22.50	258	14.51
湖北	7	3.36	11	2.40	29	2.4	19	1.30	14	2.33	67	4.29
安徽	3	1.44	24	5.25	21	1.7	53	3.62	38	6.29	199	11.24
四川	4	1.92	26	5.68	12	0.9	193	6.36	71	2.70	57	3.22
江西	1	0.49	2	0.42	7	0.5	81	5.54	83	13.4	204	11.51
湖南	0	0	2	0.42	2	0.2	12	0.82	12	1.98	27	1.52
福建	0	0	1	0.21	2	0.2	95	6.50	88	14.50	92	5.19
广东	0	0	0	0	3	0.2	3	0.20	4	0.66	50	2.82
广西	0	0	1	0.21	0	0	2	0.13	6	0.99	13	0.73
贵州	0	0	0	0	1	0.1	0	0	0	0	10	0.56
云南	0	0	0	0	0	0	0	0	0	0	14	0.97
甘肃	10	4.92	17	3.72	53	4.1	19	1.30	23	3.89	23	1.29
奉天（汉人）	0	0	0	0	3	0.2	0	0	0	0	0	0
内蒙（汉人）	3	1.44	1	0.21	0	0	0	0	0	0	0	0
外族	2	0.96	1	0.21	50	3.9	7	0.61	0	0	14	0.97
总数	208		457		1282		1461		604		177	

皇室的籍贯，也是很有关系。"从龙"的固然大半是丰沛子弟，而且他们的子孙，袭了祖宗的余荫，变成功一种世家；故乡的亲戚朋友，又要攀龙附凤；皇帝的同乡，自然是很占便宜。江苏在前汉时代，百分率是十一，安徽在明也是十一，都是占了汉高帝、明太祖的光。

经济的发展，也是一个重要的原因。无论甚么时代，没有几分的经济独立，就无从讲起教育。孔子若是要凿井而饮，耕田而食，哪里还有功夫去敦诗说礼？到了后世，教育的中心，在重要的书院。书院里的发达，又是靠地方上担负的能力。地方上越富庶，教育越振兴，人物也自然越增多。江苏、浙江两省在南宋以后，变成功中国的文化的中心，与两省的经济史，总有关系。在唐以前，钱塘江同扬子江之间，沿海都是盐塘，同现在江北开盐垦的地方差不多。直等到钱镠筑了海塘，沿海的田地，渐渐的成熟，南北运河一通，丝米都可以出口，江、浙两省才成了全国最富庶的地方。同时这两省所出的人物，也就驾于各省之上。影响于国民经济最大的是战争。元以后北方的退化，明以后四川、江西、福建的衰落，多少都受了兵灾的影响。北方不但遭了兵灾的残破，而且因为水利不兴，旱地的收入，一年少似一年，恐怕也就可以使得经济不振。但是我目前没有精确的研究，可以证明北方农业的退化。

还有一个原因，是"生存优点"的变迁。生存竞争，优胜劣败。但是何者为优，何者为劣，在人类方面，全是看社会的习尚为准。假如社会崇尚忠实、诚恳，把社会上最高的位置，给忠实、诚恳的人，这种人自然是优胜，若是社会推重文学、美术，有文学、美术天才的人，就可以得势。中国北方人，是忠实、诚恳的一路，扬子江下游的人，是比较的长于文学，美术。看上列的表，宋以前北方人占优势，宋以后扬子江下游的人占优势。或者是宋以后同宋以前社会的崇尚不同，生存的优点变迁，所以如此。但是细细研究：宋、明两代长江下游的人物，忠实、诚恳的也是很多，宋以前的北方人也很多，长于文学，恐怕这还不是人物贡献南北变迁的重要原因。

据我的研究，最重要的原因，是殖民同避乱。秦以前中国的文化中心在山东、河南。就是两汉，除去了四川、江、浙、长江以南的省分，可算同中国历史没有什么关系。湖南、广东、江西、福建，都是唐末宋初因为殖民的结果，方才归人中国文化范围之内。贵州、云南、广西到了明，才可以算是中国的领土。东三省一大部分，始终在东胡族手里，在中国历史上，当然不能有甚么重要的人物。避乱同殖民的性质，本是相同。但是殖民的人，不必一定是中国社会里优秀分子，而东晋同南宋两次渡江，随从南行的，都是当日的士大夫，不肯受外国人统治的；声明文物，自然是在这班人手里。宋以后江苏、浙江的勃兴，大概很受这种避乱人的影响。至于北方受了外族统治，文化一定不能如前。五胡的时代，倡乱的外族，都还是受过中国文化的人居多，所以为害不大。金元两代，北方全是野蛮人的天下，经他们蹂躏以后，一时不容易复原，也是意中的情事。

综论起来，前汉时代，中国的文化，本来在山东、河南，所以这两省出人最多。陕西是建都的关系，江苏是皇室籍贯的关系，所以也比较的发达。其余如湖南、福建、广东、广西、贵州、云南，同东三省，都完全没有开化。浙江、安徽、四川占的分数，也是极微，惟有湖北是因为是楚国的旧境，人材较多，可算是南方各省的例外了。后汉情形，同前汉相差不远，不过河南是皇室籍贯同建都两重的关系，特别人多，南方几省，也渐有进步。唐代文化的中心在陕西，北方各省的程度，比两汉较为平均，南几省除去江苏以外，仍旧不大发达。四川、安徽反为退化。北宋时虽因为建都的关系，河南特别出人，然而江、浙、四川、江西、福建，或是因为经济发展，或是因为殖民移民，文化进化，大有一日千里之势，渐渐要同北几省争衡。南宋北方不在版图以内，自然没有许多人物；文化中心，从此就到了长江下游。江西、福建都表现有史以来未有的盛况。明朝北方因为受了外族的统治，农业又复退化，仍然一蹶不振，江苏、浙江、江西、安徽四省，远出其他各省之上（安徽因为皇室同从龙功臣的籍贯关系，与其他省不同），西南也慢慢的露了头角，与宋以前的中国，然是两个世界了。

细细研究上列的表，还有一个要点。在宋以前，不但文化的重心，是正北方，而且文化的分布，很不平均，在两汉的时代，山东、河南两省所产生的人物，总在百分之三十以上。后汉时河南一省就有百分之三十七。汉以后各省的程度，渐渐平均，出人物的省分渐多，每省占的成分也渐多。在后汉的时代，最多的省分百分率是三十七，最少的省分是零；在明朝最高的是百分之十四，最低的是千分之十五；可见得从前中国人的文化，本来全在黄河下游，以后因为殖民避乱的关系，逐渐把这种文化普及全国。这是我们民族对于世界文明最大的贡献。把远东的许多野蛮人，变成功受中国文化的国民。这种事业，比罗马人在西欧洲的功劳还大。但是普及同提高，往往不能同时并进；普及的成绩好，提高的程度就差了。

各省文化逐渐平均，虽然是事实，然而表上所列的百分数，都不完全与事实相符。本篇所说的历史人物，大部分与政治有关系的。自从科举取士以后，要出身于政治界，首先要列名于科举。明朝科举不但举人是各省有各省的定额，就是进士也是南北分界，所以各省出人物的机会，受了科举定额的影响，不是自由竞争的结果。而当时定科举额子的人，要使得各省人都有出身，虽然文化较盛的省分，额子较多，文化较低的省分，免不了滥竽。我曾拿明代进士题名录来做了两个表：一个是有明一代各省所出的进士的题目，一个是同一时代各省所出鼎甲的数目。进士是有额子限制，鼎甲是完全自由竞争的。所以前者是当日政府对于各省文化所定的一种标准，后者是各省自由竞争所得的成绩。

明代科甲表

省别	进士		鼎甲	
	人数	百分率	人数	百分率
江西	2724	11.9	55	21.0
浙江	3267	14.0	54	20.5
江苏	2627	11.4	48	18.0
福建	2208	9.5	29	11.0
安徽	881	4.0	12	4.5
直隶	1500	6.5	10	3.8
湖北	996	4.3	8	3.2
陕西	924	4.0	6	2.3
顺天	454	1.9	7	2.7
山东	1678	7.2	7	2.7
广东	849	4.0	7	2.7
四川	1334	5.8	6	2.3
河南	1493	6.4	6	2.3
山西	1099	4.7	3	1.1
广西	196	0.85	2	0.76
湖南	427	1.9	1	0.38
甘肃	76	0.33	1	0.38
贵州	72	0.32		
奉天	20	0.08		
高丽	1	0		

　　拿这两个表来一比较，就知道官定的各省科举额，不足以代表各省的程度。浙江、江西、江苏、福建四省的进士，占百分之四十六；这四省的鼎甲，占百分之七十。可见得若是当时进士没有限制，边远的省

分，还要吃亏。又各省进士的数目，同各省人物的数目，竟大致相同。科举额子的影响，可以想见。

第二件可以注意的是，是新殖民地的勃兴，四川是秦时才入中国版图，在前汉时已占有将近百分之二，在浙江、安徽之上，而且其中有司马相如、扬雄一代的文学家。到了后汉更是发达，竟占有百分之五、六八，为扬子江流域各省之冠。江西、福建，都是唐末才有中国人去殖民。北宋时代，江西的人物，如欧阳修，王安石都是当时的人杰，百分率在百分之五以上。较之唐代恰好增加十倍。福建在北宋的地位，同江西相仿，而且渐渐的变化文化中心。闽刻的宋版书，同浙刻一样的重要，政治理学，福建人都是重要分子。这几省勃兴的理由，当然是很复杂的，然而最重要的原因，是一种旧民族忽然迁移到一个新世界里面，就能发展许多新事业起来。譬如关内的豆子，种在东三省，收成就比从前加一倍，一样的道理。近五十年来湖南、广东同最近的东三省人，也都是新殖民地勃兴的好例。

唐朝社会风尚，自成一代，同汉朝迥不相同。如文学美术的发达，宗教的自由，男女的交际，都是唐人的优点，汉人所不及的。唐人的弱点，是政治没有轨道，组织没有能力，习尚过于放荡，这又都不及汉人。所以我早就疑惑唐代的人种，受了外族的混杂，已经不是汉族原有的文化、即如唐代皇室自称为李广之后，久居陇西，究竟同李陵之后的龙居李氏，甚么关系。唐书的世系表是否可信，本来是个疑问，唐高祖的皇后是拓拔，更是无疑义的。现在看此次所列的表，新旧唐书上外国人有传的有五十人之多，几占总数百分之四，其中如高丽的李师古占据山东三代之久，真可令人惊骇。这还是专指真正的外族，唐书所不认为中国人的，若是把南北朝遗留下来已经同化的外族计算起来，至少也应该有总数百分之十以上。

唐史外族列传表

国名	人数
高丽	九
百济西部	一
契丹	七
范阳奚族	五
代乙失活部落	五
突厥	四
西域胡	二
株鞨	二
河曲部落	二
哥舒部落	一
热海	一
铁勒部落	一
鲜卑	一
于阗	一
回鹘	一
吐蕃	一
柳城胡	五
胡	一
总数	五〇

《唐书》的宰相世系表，最可研究。统计唐代宰相，为裴、刘、萧、窦、陈、封、杨、高、房、宇文、长孙、杜、李、王、魏、温、戴、侯、岑、张、马、褚、崔、于、柳、韩、来、许、辛、任、卢、上官、乐、孙、姜、陆、赵、阎、郝、郭、武、骞、沈、苏、薛、韦、汪、邢、博、史、宗、格、欧阳、狄、袁、姚、娄、豆卢、周、吉、

顾、朱、唐、敬、桓、祝、郑、钟、宋、源、牛、苗、吕、第五、常、乔、关、浑、齐、董、贾、权、皇甫、令狐、段、元、路、舒、白、夏侯、蒋、毕、曹、徐、孔、独孤、乌，同龙居李氏，共为九十八姓。其中竟有十一族，不是汉人！

河南刘氏	匈奴	浑氏	匈奴
独孤氏	匈奴	洛阳长孙	拓拔
代州宇文	拓拔	元氏	拓拔
京兆于氏	曾人拓拔	邺郡源氏	拓拔
昌黎豆卢氏	卑	洛阳窦氏	鲜卑没鹿 回部落
龙层李氏	李陵之后		

此外尚有格氏、狄氏两姓，似乎也不是汉族，足见当时经过南北朝人种混杂之后，北方的民族，决不是纯粹的汉人，而且宰相的民族，有百分之十一不是汉人，无怪当时种族的观念很浅，将帅藩镇，往往要用纯粹的外国人了。

是篇之作，动机在三年以前，去岁移居天滓，得借用梁任公先生藏书，始着手统计。今夏科学社开会于南通，曾讲演一次，然其时仅有总表，文字未脱稿也。11月复以英文讲演于北京协和医学校，乃发愤竭两日之力成之。讨论切磋，得益于任公及胡君适之者甚多。抄写核算，则雷君英广贯任其劳。余弟文浩间亦襄助，爰书数语道谢，且以志服官经商者读书作文之不易也。

（原载1923年3月11日《努力周报》第43、44期）

与顾颉刚论古史书

颉刚足下：

我这几年到欧洲，除最初一时间外，竟不曾给你信，虽然承你累次的寄信与著作。所以虽在交情之义激如我们，恐怕你也轻则失望，重则为最正当之怒了。然而我却没有一天不曾想写信给你过，只是因为我写信的情形受牛顿律的支配，"与距离之自成方之反转成比例"，所以在柏林朋友尚每每通信以代懒者之行步，德国以外已少，而家信及国内朋友信竟是稀得极厉害，至于使老母发白。而且我一向懒惰，偶然以刺激而躁动一下子，不久又回复原状态。我的身体之坏如此，这么一个习惯实有保护的作用，救了我一条命。但因此已使我三年做的事不及一年。

我当年读嵇叔夜的信，说他自己那样懒法，颇不能了解，现在不特觉得他那样是自然，并且觉得他懒得全不尽致。我日日想写信给你而觉得拿起笔来须用举金箍棒之力，故总想"明天罢"。而此明天是永久不来的明天，明天，明天……至于今天；或者今天不完，以后又是明天，明天，明天……这真是下半世的光景！对于爱我的朋友如你，何以为情！

私事待信末谈，先谈两件《努力周报》上事物。在当时本发愤想写一大篇寄去参加你们的论战，然而以懒的结果不曾下笔而《努力》下世。我尚且仍然想着，必然写出寄适之先生交别的报登，窃自比季子挂剑之义，然而总是心慕者季子，力困若叔夜，至今已把当时如泉涌的意思忘到什七八，文章是做不成的了，且把尚能记得者寄我颉刚。潦草，不像给我颉刚的信，但终差好于无字真经。只是请你认此断红上相思之字，幸勿举此遐想以告人耳。

第一件是我对于丁文江先生的《历史人物与地理的关系》一篇文章的意见（以下见《评丁文江〈历史人物与地理的关系〉》文，不复载）。

其二，论颉刚的古史论。三百年中，史学、文籍考订学，得了你这篇文字，而有"大小总汇"。三百〔年〕中所谓汉学之一路，实在含括两种学问：一是语文学；二是史学、文籍考订学。这两以外，也更没有什么更大的东西：偶然冒充有之，也每是些荒谬物事，如今文家经世之论等。拿这两样比着看，量是语文学的成绩较多。这恐怕是从事这类的第一流才力多些，或者也因为从事这科，不如从事史学、文籍考订者所受正统观念限制之多。谈语言学者尽可谓"亦既觏止"之觏为交媾，"握椒"之为房中药。汉宋大儒，康成、元晦，如此为之，并不因此而失掉他的为"大儒"。若把"圣帝明王"之"真迹"布出，马上便是一叛道的人。但这一派比较发达上差少的史学考订学，一遇到颉刚的手里，便登时现出超过语文学已有的成绩之形势，那么你这个古史论价值的大，还等我说吗？这话何以见得呢？我们可以说道，颉刚以前，史学考订学中真正全是科学家精神的，只是阎若璩、崔述几个人。今文学时或有善言，然大抵是些浮华之士；又专以门户为见，他所谓假的古文，固大体是假；他所谓真的今文，亦一般的不得真。所有靠得住的成绩，只是一部《古文尚书》和一部分的左氏《周官》之惑疑（这也只是提议，未能成就）；而语文那面竟有无数的获得。但是，这语文学的中央题目是古音，汉学家多半"考古之功多，审音之功浅"，所以最大的成绩是统计的分类通转，指出符号来，而指不出实音来。现在尚有很多的事可作，果然有其人，未尝不可凌孔�轩而压倒王氏父子。史学的中央题目，就是你这"累层地造成的中国古史"，可是从你这发挥之后，大体之结构已备就，没有什么再多的根据物可找。前见《晨报》上有李玄伯兄一文，谓古史之定夺要待后来之掘地。诚然掘地是最要事，但不是和你的古史论一个问题。掘地自然可以掘出些史前的物事、商周的物事，但这只是中国初期文化史。若关于文籍的发觉，恐怕不能很多（殷墟是商社，故有如许文书的发现，这等事例岂是可以常希望的）。而你这一个题目，乃是一切经传子家的总锁钥，一部中国古代方术思想史的真线索，一个周汉思想的摄镜，一个古史学的新大成。这是不能为后来的掘地所掩的，正因为不在一个题目之下。岂特这样，你这古史论无待于后来的掘地，而后来的掘地却有待于你这古史论。现存的文书如不清白，后来的工作如何把它取用。偶然的发现不可期，系统的发掘须待文籍整理后方可使人知其地望。所以你还是在宝座上安稳的坐下去罢，不要怕掘地的人把你陷了下去。自然有无量题目要仔细处置的，但这都是你这一个中央思想下的布列。犹之乎我们可以造些动力学的Theorem，但这根本是Newton的。我们可以研究某种动物或植物至精细，得些贯通的条理，但生物学的根本基石是达尔文。学科的范围有大小，中国古史学自然比力学或生物学小得多。但它自是一种独立的，而也有价值的学问。你在这个学问中的地位，便恰如牛顿之在力学，达尔文之在生物学。去年春天和志希、从吾诸位谈，他们都是研究史学的。"颉刚是在史学上称王了，恰被他把这个宝贝弄到手；你们无论再弄到什么宝贝，然而以他所据的地位在中央的原故，终不能不臣于他。我以不弄史学而幸免此危，究不失为'光武之故人也'。几年不见颉刚，不料成就到这么大！这事原是在别人而不在我的颉刚的话，我或者不免生点嫉妒的意思，吹毛求疵，硬去找争执的地方；但早晚也是非拜倒不可的。"

颉刚，我称赞你够了么！请你不要以我这话是朋友的感情；此间熟人读你文的，几乎都是这意见。此时你应做的事，就是赶快把你这番事业弄成。我看见的你的文并不全，只是《努力》、《读书杂志》9、10、11、12、14（13号未见过，14后也未见过）所登的。我见别处登有你题目，14号末又注明未完；且事隔已如此之久，其间你必更有些好见解，希望你把你印出的文一律寄我一看。看来禹的一个次叙，你已找就了，此外的几个观念，如尧、舜、神农、黄帝、许由、仓颉等等，都仔细照处理禹的办法处置它一下子。又如商汤、周文、周公虽然是真的人，但其传说也是历时变的。龟甲文上成汤并不称成汤。《商颂》里的武王是个光大商业，而使上帝之"命式于九围"的，克夏不算重事。《周诰》里周公说到成汤，便特别注重他的"革夏"，遂至结论到周之克殷，"于汤有光"的滑稽调上去（此恰如满酋玄晔诔孝陵的话）。到了孟子的时代想去使齐梁君主听他话，尤其是想使小小滕侯不要短气，便造了"汤以七十里兴，文王以百里兴"的话头，直接与《诗·颂》矛盾。到了嵇康之薄汤武，自然心中另是一回事。至于文王、周公的转变更多。周公在孔子正名的时代，是建国立制的一个大人物。在孟子息邪说距诐行的时代，是位息邪说距诐行的冢相。在今文时代，可以称王。在王莽时代，变要居摄。到了六朝时，真个的列爵为五，列卿为六了，他便是孔子的大哥哥，谢夫人所不满意事之负责任者（可惜满清初年不文，不知"文以诗书"，只知太后下嫁。不然，周公又成满酋多尔衮，这恐怕反而近似）。这样变法，岂有一条不是以时代为背景。尤其要紧的，便是一个孔子问题。孔子从《论语》到孔教会翻新了的梁漱溟，变了真正七十二，而且每每是些剧烈的变化，简直摸不着头脑的。其中更有些非常滑稽的，例如苏洵是个讼棍，他的《六经论》中的圣人（自然是孔子和其他），心术便如讼棍。长素先生要做孔老大，要改制，便做一部《孔子改制托古考》其实新学伪经，便是汉朝的康有为做的。梁漱溟总还勉强是一个聪明人，只是所习惯的环境太陋了，便挑了一个顶陋的东西来，呼之为"礼乐"，说是孔家真传：主义是前进不能，后退不许，半空吊着，简直使孔丘活受罪。这只是略提一二例而已，其实妙文多着哩。如果把孔子问题弄清一下，除去历史学的兴味外，也可以减掉后来许多梁漱溟，至少也可以使后来的梁漱溟但为梁漱溟的梁漱溟，不复能为孔家店的梁漱溟。要是把历来的"孔丘七十二变又变……"写成一本书，从我这不庄重的心思看去，可以如欧洲教会教条史之可以解兴发噱。从你这庄重的心思看去，便一个中国思想演流的反射分析镜，也许得到些中国历来学究的心座（Freudian Complexes）来，正未可料。

你自然先以文书中选择的材料证成这个"累层地"，但这个累层地的观念大体成后，可以转去分析各个经传子家的成籍。如此，则所得的效果，是一部总括以前文籍分析，而启后来实地工作的一部古史，又是一部最体要的民间思想流变史，又立一个为后来证订一切古籍的标准。这话是虚吗？然则我谓它是个"大小总汇"，只有不及，岂是过称吗？

大凡科学上一个理论的价值，决于它所施作的度量深不深，所施作的范围广不广，此外恐更没有甚么有形的标准。你这个古史论，是使我们对于周汉的物事一切改观的，是使汉学的问题件件在它支配之下的，我们可以到处找到它的施作的地域来。前年我读你文时，心中的意思如涌泉。当时不写下，后来忘了一大半。现在且把尚未忘完的几条写下。其中好些只是你这论的演绎。

一　试想几篇《戴记》的时代

大小《戴记》中，材料之价值不等，时代尤其有参差，但包括一部古儒家史，实应该从早分析研究一回。我从到欧洲来，未读中国书，旧带的几本早已丢去。想《戴记》中最要四篇，《乐记》、《礼运》、《大学》、《中庸》，当可背诵，思一理之。及一思之，恨《乐记》已不能背。见你文之初，思如涌泉，曾于一晚想到《大学》、《中庸》之分析。后来找到《戴记》一读，思想未曾改变。又把《礼运》一分量，觉得又有一番意思。今写如下：

《大学》　孟子说："人有恒言，皆曰天下国家。天下之本在国，国之本在家，家之本在身。"可见孟子时尚没有《大学》一种完备发育的"身家国天下系统哲学"。孟子只是始提这个思想。换言之，这个思想在孟子时是胎儿，而在《大学》时已是成人了。可见孟子在先，《大学》在后。《大学》老说平天下，而与孔子、孟子不同。孔子时候有孔子时候的平天下，"九合诸侯，一匡天下"，如桓文之霸业是也。孟子时候有孟子时候的平天下，所谓"以齐王"是也。列国分立时之平天下，总是讲究天下定于一，姑无论是"合诸侯，匡天下"，是以公山弗扰为"东周"，是"以齐王"，总都是些国与国间的关系。然而《大学》之谈"平天下"，但谈理财。理财本是一个治国的要务；到了理财成了平天下的要务，必在天下已一之后。可见《大学》不见于秦皇。《大学》引《秦誓》，书是出于伏生的，我总疑心书之含《秦誓》是伏生为秦博士的痕迹，这话要真，《大学》要后于秦代了。且《大学》末后大骂一阵聚敛之臣。汉初兵革扰扰，不成政治，无所谓聚敛之臣。文帝最不会用聚敛之臣，而景帝也未用过。直到武帝时才大用而特用，而《大学》也就大骂而特骂了。《大学》总不能先于秦，而汉初也直到武帝才大用聚敛之臣，如果《大学》是对时而立论，意者其作于孔桑登用之后，轮台下诏之前乎？且《大学》中没有一点从武帝后大发达之炎炎奇怪的今文思想，可见以断于武帝时为近是。不知颉刚以我这盐铁论观的《大学》为何如？

《中庸》　　《中庸》显然是三个不同的分子造成的，今姑名为甲部、乙部、丙部。甲部《中庸》从"子曰君子中庸"起，到"子曰父母其顺矣乎"止。开头曰中庸，很像篇首的话。其所谓中庸，正是两端之中，庸常之道，写一个Petit bourgeois之人生观。"妻子好合，如鼓瑟琴；兄弟既翕，和乐且耽"。不述索隐行怪而有甚多的修养，不谈大题而论社会家庭间事，显然是一个世家的观念（其为子思否不关大旨），显然是一个文化甚细密中的东西——鲁国的东西，显然不是一个发大议论的笔墨——汉儒的笔墨。从"子曰鬼神之为德"起，到"治国其如示诸掌乎"止，已经有些大言了，然而尚不是大架子的哲学。此一节显然像是甲部、丙部之过渡。至于第三部，从"哀公问政"起到篇末，还有头上"天命之谓性"到"万物育焉"一个大帽子，共为丙部，纯粹是汉儒的东西。这部中所谓中庸，已经全不是甲部中的"庸德之行，庸言之谨"，而是"中和"了。中庸本是一家之小言，而这一部中乃是一个会合一切，而谓其不冲突——太和——之哲学。盖原始所谓中者，乃取其中之一点而不从其两端。此处所谓中者，以其中括合其两端，所以仲尼便祖述尧舜（法先王），宪章文武（法后王），上律天时（羲和），下袭水土（禹）。这比孟子称孔子之集大成更进一步了。孟子所谓"金声玉振"尚是一个论德性的话，此处乃是想孔子去包罗一切人物：孟荀之所以不同，儒墨之所以有异，都把它一炉而熔之。"九经"之九事，在本来是矛盾的，如亲亲尊贤是也，今乃并行而不相悖。这岂是晚周子家所敢去想的。这个"累层地"，你以为对不对？

然而《中庸》丙部也不能太后，因为虽提祯祥，尚未入纬。

西汉人的思想截然和晚周人的思想不同。西汉人的文章也截然与晚周人的文章不同。我想下列几个标准可以助我们决定谁是谁。

（一）就事说话的是晚周的，做起文章来的是西汉的。

（二）研究问题的是晚周的，谈主义的是西汉的。

（三）思想也成一贯，然不为系统的铺排的是晚周，为系统的铺排的是西汉。

（四）凡是一篇文章或一部书，读了不能够想出它时代的背景来的，就是说，发的议论对于时代独立的，是西汉。而反过来的一面，就是说，能想出它的时代的背景来的却不一定是晚周。因为汉朝也有就事论事的著作家，而晚周却没有凭空成思之为方术者。

《吕览》是中国第一部一家著述，以前只是些语录。话说得无论如何头脑不清，终不能成八股。以事为学，不能抽象。汉儒的八股，必是以学为学；不窥园亭，遑论社会。

《礼运》　《礼运》一篇，看来显系三段。"是谓疵国，故政者之所以藏身也"（应于此断，不当从郑）以前（但其中由"言偃复问曰"到"礼之大成"一节须除去）是一段，是淡淡鲁生的文章。"夫政必本于天……"以下是一段，是炎炎汉儒的议论，是一个汉儒的系统玄学。这两段截然不同。至于由"言偃复问曰"到"礼之大成"一段，又和上两者各不同，文词略同下部而思想则不如彼之侈。"是为小康"，应直接"舍鲁何适矣"。现在我们把《礼运》前半自为独立之一篇，并合其中加入之一大节，去看，鲁国之乡曲意味，尚且很大。是论兵革之起，臣宰之僭，上规汤武，下薄三家的仍类于孔子正名，其说先王仍是空空洞洞，不到《易传》实指其名的地步。又谈禹、汤、文、武、成王、周公而不谈尧舜，偏偏所谓"大道之行也"云云，即是后人所指尧舜的故事。尧、舜、禹都是儒者之理想之Incarnation，自然先有这理想，然后再Incarnated到谁和谁身上去。此地很说了些这个理想，不曾说是谁来，像是这篇之时之尧、舜尚是有其义而无其词，或者当时尧、舜俱品之传说未定，尚是流质呢。所谈禹的故事，反是争国之首，尤其奇怪。既不同雅颂，又不如后说，或者在那个禹观念进化表上，这个《礼运》中的禹是个方域的差异。我们不能不承认传说之方域的差异，犹之乎在言语学上不能不承认方言。又他的政治观念如"老有所终"以下一大段，已是孟子的意思，只不如《孟子》详。又这篇中所谓礼，实在有时等于《论语》上所谓名。又"升屋而号"恰是墨子引以攻儒家的。又"玄酒在室"至"礼之大成也"一段，不亦乐乎的一个鲁国的Petit bourgeois之Kultur。至于"呜呼哀哉"以下，便是正名论。春秋战国间大夫纷纷篡诸侯，家臣纷纷篡大夫，这篇文章如此注意及此，或者去这时候尚未甚远。这篇文章虽然不像很旧，但看来总在《易·系》之前。

《易·系》总是一个很迟的东西，恐怕只是稍先于太史公。背不出，不及细想。

二　孔子与六经

玄同先生这个精而了然的短文，自己去了许多云雾。我自己的感觉如下：

《易》　《论语》"夏礼吾能言之，杞不足征也。殷礼吾能言之，宋不足征也。文献不足故也；足，则吾能征之矣"。《中庸》"吾说夏礼，杞不足征也。吾学殷礼，有宋存焉。吾学周礼，今用之，吾从周"。《礼运》"吾欲观夏道，是故之杞，而不足征也，吾得夏时焉。吾欲观殷道，是故之宋，而不足征也，吾得坤乾焉。坤乾之义，夏时之等，吾以是观之"。附《易》于宋，由这看来，显系后起之说。而且现在的《易》是所谓《周易》，乾上坤下，是与所谓归藏不同。假如《周易》是孔子所订，则传说之出自孔门，决不会如此之迟，亦不会如此之矛盾纷乱。且商瞿不见于《论语》，《论语》上孔子之思想绝对和《易·系》不同。

《诗》 以《墨子》证《诗》三百篇，则知《诗》三百至少是当年鲁国的公有教育品，或者更普及（墨子，鲁人）。看《左传》、《论语》所引《诗》大同小异，想见其始终未曾有定本。孔子于删诗何有焉？

《书》 也是如此。但现在的《今文尚书》，可真和孔子和墨子的书不同了。现在的今文面目，与其谓是孔子所删，毋宁谓是伏生所删。终于《秦誓》，显出秦博士的马脚来。其中真是有太多假的，除《虞、夏书》一望而知其假外，《周书》中恐亦不少。

《礼》、《乐》 我觉玄同先生所论甚是。

《春秋》 至于《春秋》和孔子的关系，我却不敢和玄同先生苟同。也许因为我从甚小时读孔广森的书，印下一个不易磨灭的印象，成了一个不自觉的偏见。现在先别说一句。从孔门弟子到孔教会梁漱溟造的那些孔教传奇，大别可分为三类：一怪异的，二学究的，三为人情和社会历史观念所绝对不能容许的。一层一层的剥去，孔丘真成空丘（或云孔，空）了。或者人竟就此去说孔子不是个历史上的人。但这话究竟是笑话。在哀公时代，鲁国必有一个孔丘字仲尼者。那末，困难又来了。孔子之享大名，不特是可以在晚周儒家中看出的，并且是在反对他的人们的话中证到的。孔子以什么缘由享大名虽无明文，但他在当时享大名是没有问题的。也许孔子是个平庸人，但平庸人享大名必须机会好；他所无端碰到的一个机会是个大题目，如刘盆子式的黎元洪碰到武昌起义是也。所以孔丘之成名，即令不由于他是大人物，也必由于他借到大题目，总不会没有原因的。不特孔丘未曾删定六经，即令删定，这也并不见得就是他成大名的充足理由。在衰败的六朝，虽然穷博士，后来也以别的缘故做起了皇帝。然当天汉盛世，博士的运动尚且是偏于乘障落头一方面；有人一朝失足于六艺，便至于终其身不得致公卿。只是汉朝历史是司马氏、班氏写的，颇为儒生吹吹，使后人觉得"像煞有介事"罢了。但有时也露了马脚，所谓"主上所戏弄，流俗所轻，优倡之所蓄"也。何况更在好几百年以前。所以孔丘即令删述六经，也但等于东方朔的诵四十四万言，容或可以做哀公的幸臣，尚决不足做季氏的家宰，更焉有驰名列国的道理。现在我们舍去后来无限的孔子追加篇，但凭《论语》及别的不多的记载，也可以看出一个线索来。我们说，孔丘并不以下帷攻《诗》、《书》而得势，他于《诗》、《书》的研究与了解实在远不及二千四百年后的顾颉刚，却是以有话向诸侯说而得名。他是游谈家的前驱。游谈家靠有题目。游谈家在德谟克拉西的国家，则为演说家，好比雅典的Demosthenes、罗马的Cicero，都不是有甚深学问，或甚何Originality的人。然而只是才气过人，把当时时代背景之总汇抓来，做一个大题目去吹播，于是乎"太山北斗"，公卿折节了。孔丘就是这样。然则孔丘时代背景的总汇是什么？我想这一层《论语》上给我们一个很明白的线索。周朝在昭穆的时代尚是盛的时候，后来虽有一乱，而宣王弄得不坏。到了幽王，不知为何原因，来了一个忽然的瓦解，如渔阳之变样的。平王东迁后的两个局面，是内面上陵下僭，"团长赶师长，师长赶督军"，外边是四夷交侵，什么"红祸白祸"，一齐都有。这个局面的原始，自然也很久了；但成了一个一般的风气，而有造成一个普遍的大劫之势，恐怕是从这时起。大夫专政，如鲁之三桓、宋之华氏，都是从春秋初年起。晋以杀公族，幸把这运命延迟上几世（其实曲沃并晋已在其时，而六卿增势也很快）。至于非文化民族之来侵，楚与鲁接了界，而有灭周宋的形势；北狄灭了邢卫，殖民到伊川，尤其有使文化"底上翻"之形势。应这局面而出来的人物，便是齐桓、管仲、晋文、舅犯，到孔子时，这局面的迫逼更加十倍的利害，自然出来孔子这样人物。一面有一个很好的当时一般文化的培养，一面抱着这个扼要的形势，力气充分，自然成名。你看《论语》上孔子谈政治的大节，都是指这个方向。说正名为成事之本，说三桓之子孙微，说陪臣执国命，论孟公绰，请讨田氏，非季氏之兼并等等，尤其清楚的是那样热烈的称赞管仲。"管仲相桓公，九合诸侯……微管仲，吾其披发左衽矣"。但虽然这般称许管仲，而于管仲犯名分的地方还是一点不肯放过。这个纲目，就是内里整纲纪，外边攘夷狄，使一个乱糟糟的世界依然回到成周盛世的文化上，所谓"如有用我者，吾其为东周乎"。借用一位不庄者之书名。正所谓"救救文明"（Salvaging the Civilization）。只有这样题目可以挪来为大本；也只有这个题目可以挪来说诸侯；也只有以这个题目的原故，列国的君觉着动听，而列国的执政大臣都个个要赶他走路了。颉刚：你看我这话是玩笑吗？我实在是说正经。我明知这话里有许多设定，但不这样则既不能解孔子缘何得大名之谜，又不能把一切最早较有道理的孔子传说联合贯串起来。假如这个思想不全错，则《春秋》一部书不容一笔抹杀，而《春秋》与孔子的各类关系不能一言断其为无。现在我们对于《春秋》这部书，第一要问它是鲁史否？这事很好决定，把书上日食核对一番，便可马上断定它是不是当时的记载。便可去问，是不是孔子所笔削。现在我实在想不到有什么确据去肯定或否定，现在存留的材料实在是太少了。然把孔子"论其世"一下，连串其《论语》等等来，我们可以说孔子订《春秋》，不见得不是一个自然的事实。即令《春秋》不经孔子手定，恐怕也是一部孔子后不久而出的著作，这著作固名为《春秋》或即是现在所存的"断烂朝报"。即不然，在道理上当与现在的"断烂朝报"同类。所以才有孟子的话。这书的思想之源泉，总是在孔子的。既认定纲领，则如有人说"孔子作《春秋》"，或者说"孔子后学以孔子之旨作《春秋》"，是没有原理上的分别。公羊家言亦是屡变。《传》、《繁露》，何氏，各不同。今去公羊家之迂论与"泰甚"，去枝去叶，参着《论语》，旁边不忘孟子的话，我们不免觉得，这公羊学的宗旨是一个封建制度正名的，确尚有春秋末的背景，确不类战国中的背景，尤其不类汉。三世三统皆后说，与公羊本义无涉。大凡一种系统的伪造，必须与造者广义的自身合拍，如古文之与新朝政治是也。公羊家言自然许多是汉朝物事，然它不泰不甚的物事实不与汉朝相干。

大凡大家看不起《春秋》的原因，都是后人以历史待它的原故，于是乎有"断烂朝报"之说。这话非常的妙。但知《春秋》不是以记事为本分，则它之为断烂朝报不是它的致命伤。这句绝妙好词，被梁任公改为"流水账簿"，便极其俗气而又错了。一、《春秋》像朝报而不像账簿；二、流水账簿只是未加整理之账，并非断烂之账。断烂之账簿乃是上海新闻大家张东荪先生所办《时事新报》的时评，或有或无，全凭高兴，没有人敢以这样的方法写流水账的。"史"之成一观念，是很后来的。章实斋说六经皆史，实在是把后来的名词，后来的观念，加到古人的物事上而齐之，等于说"六经皆理学"一样的不通。且中国人于史的观念从来未十分客观过。司马氏、班氏都是自比于孔子而作经。即司马君实也是重在"资治"上。郑夹漈也是要去贯天人的。严格说来，恐怕客观的历史家要从顾颉刚算起罢。其所以有鲁之记载，容或用为当时贵族社会中一种伦理的设用，本来已有点笔削，而孔子或孔子后世借原文自寄其笔削褒贬，也是自然。我们终不能说《春秋》是绝对客观。或者因为当时书写的材料尚很缺乏，或者因为忌讳，所以成了春秋这么一种怪文体，而不得不成一目录，但提醒其下之微言大义而已。这类事正很近人情。鲁史纪年必不始于隐公，亦必不终于哀公，而《春秋》却始于东迁的平王，被弑的隐公，终于获麟或孔丘卒，其式自成一个终始。故如以朝报言，则诚哉其断烂了，如以一个伦理原则之施作言，乃有头有尾的。

孟子的叙《诗》和《春秋》虽然是"不科学的"，但这话虽错而甚有注意的价值。从来有许多错话是值得注意的。把诗和伦理混为一谈，孔子时已成习惯了。孔子到孟子百多年，照这方面"进化"，不免到了"《诗》亡《春秋》作"之说。孟子说"其事则齐桓晋文，其文则史，其义则丘窃取之矣"，头一句颇可注意。以狭义论，《春秋》中齐桓、晋文事甚少。以广义论，齐桓、晋文之事为霸者之征伐会盟，未尝不可说《春秋》之"事则齐桓晋文"。孔子或孔子后人做了一部书，以齐桓、晋文之事为题目，其道理可想。又"其文则史，其义则丘窃取之矣"，翻作现在的话，就是说，虽然以历史为材料，而我用来但为伦理法则之施用场。

《春秋》大不类孟子的工具。如孟子那些"于传有之"的秘书，汤之囿，文王之囿，舜之老弟，禹之小儿，都随时为他使唤。只有这《春秋》，大有些不得不谈，谈却于他无益的样子。如谓《春秋》绝杀君，孟子却油油然发他那"诛一夫"，"如寇仇"，"则易位"的议论。如谓"春秋道名分"，则孟子日日谈王齐。春秋之事则齐桓晋文，而孟子则谓"仲尼之徒无道桓文之事者"。这些不合拍都显出这些话里自己的作用甚少，所以更有资助参考的价值。

当年少数人的贵族社会，自然有他们的标准和舆论，大约这就是史记事又笔削的所由起。史决不会起于客观的纪载事迹；可以由宗教的意思，后来变成伦理道德的意思起，可以由文学的意思起。《国语》自然属下一类，但《春秋》显然不是这局面，孔子和儒宗显然不是戏剧家。

总括以上的涉想，我觉得《春秋》之是否孔子所写是小题，《春秋》传说的思想是否为孔子的思想是大题。由前一题，无可取证。由后一题，大近情理。我觉得孔子以抓到当年时代的总题目而成列国的声名，并不是靠什么六艺。

孔子、六艺、儒家三者的关系，我觉得是由地理造成的。邹鲁在东周是文化最深密的地方。六艺本是当地的风化。所以孔子与墨子同诵《诗》、《书》，同观列国《春秋》。与其谓孔子定六艺，毋宁谓六艺定孔子。所以六艺实在是鲁学。或者当时孔子有个国际间的大名，又有好多门徒，鲁国的中产上流阶级每牵引孔子以为荣，于是各门各艺都"自孔氏"。孔子一生未曾提过《易》，而商瞿未一见于《论语》，也成了孔门弟子了。孔门《弟子列传》一篇，其中真有无量不可能的事。大约是司马子长跑到鲁国的时候，把一群虚荣心造成的各"书香人家"的假家谱抄来，成一篇《孔子弟子列传》。我的意思可以最单简如此说：六艺是鲁国的风气，儒家是鲁国的人们；孔子所以与六艺儒家生关系，因为孔子是鲁人。与其谓六艺是儒家，是孔学，毋宁谓六艺是鲁学。

世上每每有些名实不符的事。例如后来所谓汉学，实在是王伯厚，晁公武之宋学；后来所谓宋学，实在是明朝官学。我想去搜材料，证明儒是鲁学，经是汉定（今文亦然）。康有为但见新学有伪经，不见汉学有伪经。即子家亦是汉朝给它一个定订。大约现行子书，都是刘向一班人为它定了次叙的。墨子一部书的次叙，竟然是一个儒家而颇芜杂的人定的，故最不是墨子的居最先。前七篇皆儒家言，或是有道家言与墨绝端相反者（如太盛难寄），知大半子书是汉朝官订本（此意多年前告适之先生，他未注意），则知想把古书古史整理，非清理汉朝几百年一笔大账在先不可也。

三　在周汉方术家的世界中几个趋向

我不赞成适之先生把记载老子、孔子、墨子等等之书呼作哲学史。中国本没有所谓哲学。多谢上帝，给我们民族这么一个健康的习惯。我们中国所有的哲学，尽多到苏格拉底那样子而止，就是柏拉图的也尚不全有，更不必论到近代学院中的专技哲学，自贷嘉、来卜尼兹以来的。我们若呼子家为哲学家，大有误会之可能。大凡用新名词称旧物事，物质的东西是可以的，因为相同；人文上的物事是每每不可以的，因为多是似同而异。现在我们姑称这些人们（子家）为方术家。思想一个名词也以少用为是。盖汉朝人的东西多半可说思想了，而晚周的东西总应该说是方术。

禹、舜、尧、伏羲、黄帝等等名词的真正来源，我想还是出于民间。除黄帝是秦俗之神外，如尧，我拟是唐国（晋）民间的一个传说。舜，我拟是中国之虞或陈或荆蛮之吴民间的一个传说。尧、舜或即此等地方之君（在一时）。颛顼为秦之传说，喾为楚之传说，或即其图腾。帝是仿例以加之词（始只有上帝但言帝），尧、舜都是绰号。其始以民族不同方域隔膜而各称其神与传说；其后以互相流通而传说出于本境，迁土则变，变则各种之装饰出焉。各类变更所由之目的各不同，今姑想起下列几件：

（一）理智化——一神秘之神成一道德之王。

（二）人间化——一抽象之德成一有生有死之传。

又有下列一种趋势可寻：

满意于周之文化尤其是鲁所代表者（孔子）。

不满意于周之文化而谓孔子损益三代者。

举三代尽不措意，薄征诛而想禅让，遂有尧舜的化身。

此说又激成三派：

（1）并尧、舜亦觉得太有人间烟火气，于是有许由、务光。与这极端反背的便是"诛华士"，《战国策》上请诛於陵仲子之论。

（2）宽容一下，并尧、舜、汤、武为一系的明王。（《孟子》）

（3）爽性在尧、舜前再安上一个大帽子，于是有神农、黄帝、伏羲等等。

这种和他种趋势不是以无目的而为的。

上条中看出一个古道宗思想与古儒宗思想的相互影响，相互为因果。自然儒宗、道宗这名词不能安在孔子时代或更前，因为儒家一名不过是鲁国的名词，而道家一名必然更后，总是汉朝的名词，或更在汉名词"黄老"以后。《史记》虽有申不害学"黄老刑名以干昭侯"的话，但汉初所谓黄老实即刑名之广义，申不害学刑名而汉人以当时名词名之，遂学了黄老刑名。然而我们总可为这两个词造个新界说，但为这一段的应用。我们第一要设定的，是孔子时代已经有一种有遗训的而又甚细密的文化，对这文化的处置可以千殊万别，然而大体上或者可分为两项：

一、根本是承受这遗传文化的，但愿多多少少损益于其中。我们姑名此为古儒宗的趋势。

二、根本上不大承认，革命于其外。我们姑名此为古道宗的趋势。

名词不过界说的缩短，切勿执名词而看此节。我们自不妨虚位的定这二事为AB，但这种代数法，使人不快耳。造这些名词如尧、舜、许由、务光、黄（这字先带如许后来道士气）帝、华士、神农，和《庄子》书中的这氏那氏，想多是出于古道宗，因为这些人物最初都含些道宗的意味。《论语》上的舜，南面无为。许行的神农，是并耕而食。这说自然流行也很有力，儒宗不得不取适应之法。除为少数不很要紧者造个谣言，说"这正是我们的祖师所诛"（如周公诛华士）外。大多数已于民间有势力者是非引进不可了。便把这名词引进，加上些儒家的意味。于是乎绝世的许由成了士师的皋陶（这两种人也有共同，即是俱为忍人）；南面无为的舜，以大功二十而为天子，并耕的神农本不多事，又不做买卖，而《易·系》的神农"耒耜之利，以教天下"，加上做买卖，虽许子亦应觉其何以不惮烦也。照儒宗的人生观，文献征者征之，本用不着造这些名词以自苦：无如这些名词先已在民间成了有势力的传说，后又在道宗手中成了寄理想的人物，故非取来改用不可。若道宗则非先造这些非历史的人物不能资号召。既造，或既取用，则儒宗先生也没有别法对付，只有翻着面过来说，"你所谓者正是我们的'于传有之'，不过我们的真传所载与你这邪说所称名一而实全不同，词一而谓全不同"。反正彼此都没有龟甲钟鼎做证据，谁也莫奈得谁何。这种方法，恰似天主教对付外道。外道出来，第一步是不睬。不睬不能，第二步便是加以诛绝，把这书们加入"禁书录"上。再不能，第三步便是扬起脸来说，"这些物事恰是我们教中的"。当年如此对付希腊哲学，近世如此对付科学。天主教刑了盖理律，而近中天文学、算学在教士中甚发达。

我这一篇半笑话基于一个假设，就是把当年这般物事分为二流，可否？我想大略可以得，因为在一个有细密文化久年遗训的社会之下，只有两个大端：一是于这遗训加以承认而损益之，一是于遗训加以否认。一般的可把欧洲千年来的物事（直至19世纪末为止）分为教会的趋向与反教会的趋向。

何以必须造这一篇半笑话？我想，由这一篇半笑话可以去解古书上若干的难点。例如《论语》一部书，自然是一个"多元的宇宙"，或者竟是好几百年"累层地"造成的。如"凤鸟不至"一节，显然是与纬书并起的话。但所说尧舜禹诸端，尚多是抽象以寄其理想之词，不如孟子为舜象做一篇越人让兄陈平盗嫂合剧。大约总应该在孟子以前，也应该是后来一切不同的有事迹的人王尧舜禹论之初步。且看《论语》里的尧舜禹，都带些初步道宗的思想。尧是"无能名"，舜是"无为"。禹较两样些，"禹无间然"一段也颇类墨家思想之初步。然卑居处，薄食服，也未尝违于道宗思想。至于有天下而不与，却是与舜同样的了。凡这些点儿，都有些暗示我们：尧、舜一类的观念起源应该在邻于道宗一类的思想，而不该在邻于儒宗一类的思想。

尧、舜等传说之起，在道理上必不能和禹传说之起同源，此点颉刚言之详且尽。我想禹与墨家的关系，或者可以如下：禹本是一个南方民族的神道，一如颉刚说。大约宗教的传布，从文化较高的传入文化较低的民族中，虽然也多，然有时从文化较低的传到文化较高的，反而较易。例如耶稣教之入希腊罗马；佛教之由北印民族入希腊文化殖民地，由西域入中国；回教之由亚剌伯入波斯（此点恐不尽由武力征服之力）。大约一个文化的社会总有些不自然的根基，发达之后，每每成一种矫揉的状态，若干人性上初基的要求，不能满足或表现。故文化越繁丰，其中越有一种潜流，颇容易感受外来的风气，或自产的一种与上层文化不合的趋向。佛教之能在中国流行，也半由于中国的礼教、道士、黄巾等，不能满足人性的各面，故不如礼教、道士、黄巾等局促之佛教，带着迷信与神秘性，一至中国，虽其文化最上层之皇帝，亦有觉得中国之无质，应求之于印度之真文。又明末天主教入中国，不多时间，竟沿行于上级士大夫间，甚至皇帝受了洗（永历皇帝）；满洲时代，耶稣会士竟快成玄晔的国师。要不是与政治问题混了，后来的发展必大。道光后基督教之流行，也很被了外国经济侵略武力侵略之害。假如天主耶稣无保护之强国，其销路必广于现在。我们诚然不能拿后来的局面想到春秋初年，但也难保其当年不有类似的情形。这一种禹的传说，在头一步传到中国来，自然还是个神道。但演进之后，必然向别的方面走。大约墨家这一派信仰，在一般的社会文化之培养上，恐不及儒家，《墨子》虽然也道《诗》、《书》，但这究竟不是专务雅言。这些墨家，抓到一个禹来作人格的标榜，难道有点类似佛教入中国，本国内自生宗派的意思吗？儒家不以孔名，直到梁漱溟才有孔家教；而墨家却以墨名。这其中或者是暗示墨子造作，孔丘没有造作，又《墨经》中传有些物理学、几何学、工程学、文法学、名学的物事。这或者由于当年儒家所吸收的人多半是些中上社会，只能谈人文的故事，雅言诗书执礼。为墨家所吸收的，或者偏于中下社会，其中有些工匠技家，故不由得包含着这些不是闲吃饭的物事下来，并非墨家思想和这些物事有何等相干。大约晚周的子家最名显的，都是些游谈之士，大则登卿相，小则为清客，不论其为是儒家或道家，孟轲或庄周。儒家是吸收不到最下层人的，顶下也是到士为止。道家也是leisured阶级之清谈。但如许行等等却很可以到了下层社会。墨家却非行到下层社会不为功。又墨家独盛于宋，而战国子家说到傻子总是宋人，这也可注意。或者宋人当时富于宗教性，非如周郑人之有Sophistry邹鲁人之有Conventional？

至于汉朝思想趋势中，我有两个意思要说。一、由今文到纬书是自然之结果。今文把孔子抬到那样，舍成神道以外更无别法。由《易经》到纬书不容一发。今文家把他们的物事更民间化些，更可以共喻而普及，自然流为纬学。信今文必信孔子之超人入神；信孔子如此加以合俗，必有祯祥之思想。二、由今文及动出古文，是思想的进步。造伪经在现在看来是大恶，然当时人借此寄其思，诚恐不觉其恶，因为古时著作人观念之明白决不如后人重也。但能其思想较近，不能以其造伪故而泯其为进步。古文材料虽伪，而意思每比今文合理性。

不及详叙，姑写为下列两表：

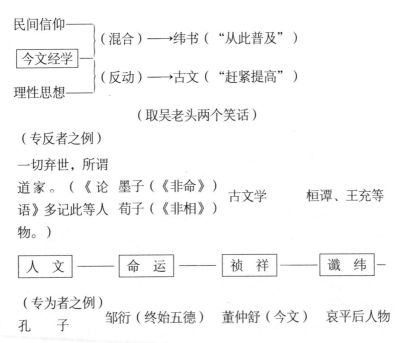

四　殷周间的故事

十年前，我以子贡为纣申冤一句话，想起桀、纣传说之不可信，因疑心桀、纣是照着幽王的模型造的，有褒姒故有妲己等等。这因是少时一种怪想。后来到英国，见英国爵虽五等而非一源，因而疑心中国之五等爵也有参差，有下列涉想（德国爵亦非一源）：

公　公不是爵名，恐即与"君"字同义。三公周召宋公及王畿世卿都称公，而列国诸侯除称其爵外亦称公。公想是泛称人主之名，特稍尊耳。犹英语之Lord一称，自称上帝以至于世族无爵者之妻或仆称其夫或主。如德国语之Herr亦自上帝称到一切庶人。宋是殷后，王号灭犹自与周封之诸侯不同，故但有泛称而无诸侯之号。其所以列位于会盟间次于伯而先于其他一切诸侯者，正因其为殷后，不因其称公。如若传说，一切诸侯自称公为僭，则《鲁颂》"乃命周公，俾侯于东"，岂非大大不通？

子　遍检《春秋》之子爵，全无姬姓（除吴）。姬姓不封子；而封子爵者，凡有可考，立国皆在周前，或介戎狄，不与中国同列。莒子、郯子、邾子、杞子，古国也。潞子、骊子，不与中国之列也。楚子，一向独立之大国也。吴子虽姬姓，而建国亦在周前。见殷有箕子微子，我遂疑子是殷爵，所谓子自是王子，同姓之号，及后来渐成诸侯之号，乃至一切异姓亦如此称。我疑凡号子者大多是殷封之国，亦有蛮夷私效之。要均与周室无关系（吴子楚子解见后）。

且看子一字之降级：

诸　　　侯——微子，箕子。

诸侯之大夫——季文子，赵简子。

士　　　人——孔子，孟子。

乃　至　于——小子，娸子。

这恰如老爷等名词之降级，明朝称阁学部院曰老爷，到清朝末年虽县知事亦不安于此而称大老爷。

至于侯，我们应该先去弄侯字古来究如何写法，如何讲法。殷亦有鬼侯、鄂侯、崇侯；鬼、鄂、崇，皆远方之邑，或者所谓侯者如古德意志帝国（神圣罗马帝国）之边侯（Markgraf）。在殷不特不见得侯大于子，而且微子箕子容或大于鬼侯鄂侯。周定后，不用子封人而一律用侯。以"新鬼大，故鬼小"之义，及"周之宗盟，异姓为后"之理，侯遂跑到子上。

同姓侯甚多，凡姬姓的非侯即伯。其异姓之侯，如齐本是大国，另论；如陈是姻戚，如薛也是周"先封"，都是些与周有关系的。

伯 这一件最奇。伯本与霸同字，应该很大。且受伯封者，如燕伯，召公之国也。如曹伯，"文之昭也"。如郑伯，平王依以东迁者也。如秦伯，周室留守，助平王东迁者也。然而爵均小于侯，岂不可怪？我疑心伯之后于侯，不是由于伯之名后于侯，而是由于封伯爵者多在后；或者伯竟是一个大名，愈后封而号愈滥，遂得大名，特以后封不能在前耳。

男 苦想只想到一个许男，或者由来是诸侯之诸侯？

以上的话只是凭空想，自然不能都对；但五等爵决非一源，且甚参差耳。

太伯入荆蛮，我疑心是伦常之变。伦常之变，本是周室"拿手好戏"，太王一下，周公一下，平王又一下。因太伯不得已而走，或者先跑到太王之大仇殷室，殷室封他为子爵，由他到边疆启土，所以武王伐纣时特别提出这件事，"唯四方之多罪捕逃是崇是用"。言如此之痛，正因有他之伯祖父在也（《牧誓》亦正不可信，此地姑为此戏想耳）。吴既不在周列，周亦莫奈他何，遂于中国封虞。吴仍其子爵，至于寿梦。吴民必非中国种，只是君室为太伯虞仲后耳。虞仲应即是吴仲。

齐太公的故事，《史记》先举三说而不能断。我疑心齐本是东方大国，本与殷为敌，而于周有半本家之雅（厥初生民，时惟姜嫄），又有亲戚（爰及姜女，聿来胥宇），故连周而共敌殷。《商颂》"相土烈烈，海外有截"，当是有汤前已有了北韩辽东，久与齐逼。不然，箕子以败丧之余，更焉能越三千里而王朝鲜；明朝鲜本殷地，用兵力所不及，遂不臣也。齐于周诸侯中受履略大，名号最隆——尚父文王师一切传说，必别有故。且《孟子》、《史记》均认齐太公本齐人，后来即其地而君之。且《史记》记太公世家，太公后好几世，直到西周中晚，还是用殷法为名，不同周俗，可见齐自另一回事，与周之关系疏稀。《檀弓》所谓太公五世返葬于周，为无稽之谈也（如果真有这回事，更是以死骨为质的把戏）。齐周夹攻殷，殷乃不支，及殷被戡定，周莫奈齐何，但能忙于加大名，而周公自命其子卜邻焉。

世传纣恶，每每是纣之善。纣能以能爱亡其国，以多力亡其国，以多好亡其国，诚哉一位戏剧上之英雄，虽Siegfried何足道哉。我想殷周之际事可作一出戏，纣是一大英雄，而民疲不能尽为所用，纣想一削"列圣耻"，讨自亶父以下的叛虏，然自己多好而纵情，其民老矣，其臣迂者如比干，鲜廉寡耻如微子，箕子则为清谈，诸侯望包藏阴谋，将欲借周自取天下，遂与周合而夹攻，纣乃以大英雄之本领与运命争；终于不支，自焚而成一壮烈之死。周之方面，毫无良德，父子不相容，然狠而有计算，一群的北虏自有北虏的品德。齐本想不到周能联一切西戎南蛮，《牧誓》一举而定王号。及齐失望，尚想武王老后必有机会，遂更交周，不料后来周公定难神速，齐未及变。周公知破他心，遂以伯禽营少昊之墟。至于箕子，于亡国之后，尚以清谈归新朝，一如王夷甫。而微子既如谯周之劝降，又觉纣死他有益耳。

这篇笑话，自然不是辩古史，自然事实不会如此。然遗传的殷周故事，隆周贬纣到那样官样文章地步，也不见得比这笑话较近事实。

越想越觉世人贬纣之话正是颂纣之言。人们的观念真不同，伪孔《五子之歌》上说，"内作色荒。外作禽荒。甘酒嗜音，峻宇雕墙"，此正是欧洲所谓Prince之界说，而东晋人以为"有一必亡"。内作色荒是圣文，外作禽荒是神武，甘酒嗜音是享受文化，峻宇雕墙是提倡艺术，有何不可，但患力不足耳。

周之号称出于后稷，一如匈奴之号称出于夏氏。与其信周之先世曾窜于戎狄之间，毋宁谓周之先世本出于戎狄之间。姬、姜容或是一支之两系。特一在西，一在东耳。

鲁是一个古文化的中心点，其四围有若干的小而古的国。曲阜自身是少昊之墟。昊容或为民族名，有少昊必有太昊，犹大宛小宛，大月氏小月氏也。我疑及中国文化本来自东而西：九河济淮之中，山东、辽东两个半岛之间，西及河南东部，是古文化之渊源。以商兴而西了一步，以周兴而更西了一步。不然，此地域中何古国之多也。齐容或也是一个外来的强民族，遂先于其间成大国。

齐有齐俗，有齐宗教，虽与鲁近，而甚不同。大约当年邹鲁的文化人士，很看不起齐之人士，所以孟子听到不经之谈，便说是"齐东野人之语也"，而笑他的学生时便说："子诚齐人也，知管仲、晏子而已矣"，正是形容他们的坐井观天的样子。看来当年齐人必有点类似现在的四川人，自觉心是很大的，开口苏东坡，闭口诸葛亮，诚不愧为夜郎后世矣。鲁之儒家，迂而执礼。齐之儒家，放而不经。如淳于、邹衍一切荒唐之词人，世人亦谓为儒家。

荆楚一带，本另是些民族，荆或者自商以来即是大国，亦或者始受殷号，后遂自立。楚国话与齐国话必不止方言之不同，不然，何至三年庄岳然后可知。孟子骂他们鴃舌，必然声音很和北方汉语不类。按楚国话语存在者，只有"谓乳榖，谓虎於菟"一语。乳是动词，必时有变动，而虎是静词，尚可资用。按吐蕃语虎为Stng，吐蕃语字前之S每在同族语中为韵，是此字易有线索，但一字决不能为证耳。又汉西南夷君长称精夫，疑即吐蕃语所谓Rgyal-po，《唐书》译为赞普者。《汉书·西南夷传》有几首四字诗对记，假如人能精于吐蕃语、太语、缅甸语，必有所发现。这个材料最可宝贵。楚之西有百濮，今西藏自称曰濮。又蛮闽等字音在藏文为人，或即汉语民字之对当？总之，文献不足，无从征之。

秦之先世必是外国，后来染上些晋文化，但俗与宗教想必同于西戎。特不解西周的风气何以一下子精光？

狄必是一个大民族。《左传》、《国语》记他们的名字不类单音语。且说到狄，每加物质的标记，如赤狄、白狄、长狄等等。赤白又长，竟似印度日耳曼族的样子，不知当时吐火罗等人东来，究竟达到什么地方？

应该是中国了，而偏和狄认亲（有娀，简狄）。这团乱糟糟的样子，究竟谁是诸夏，谁是戎狄？

中国之有民族的、文化的、疆域的一统，至汉武帝始全功，现在人曰汉人，学曰汉学，土曰汉土，俱是最合理的名词，不是偶然的。秦以前本不一元，自然有若干差别。人疑生庄周之土不应生孔丘。然如第一认清中国非一族一化，第二认清即一族一化之中亦非一俗，则其不同亦甚自然。秦本以西戎之化，略收点三晋文俗而统一中国。汉但接秦，后来鲁国、齐国又渐于文化上发生影响。可如下列看：

统一中国之国家者——秦。

统一中国之文教者——鲁。

统一中国之宗教者——齐。

统一中国之官术者——三晋。

此外未得发展而压下的东西多得很啦。所以我们觉得汉朝的物事少方面，晚周的物事多方面。文化之统一与否，与政治之统一与否相为因果；一统则兴者一宗，废者万家。

五 补说（《春秋》与《诗》）

承颉刚寄我《古史辨》第一册，那时我已要从柏林起身，不及细看。多多一看，自然不消说如何高兴赞叹的话，前文已说尽我所能说，我的没有文思使我更想不出别的话语来说。现在只能说一个大略的印象。

最可爱是那篇长叙，将来必须更仔细读它几回，后面所附着第二册拟目，看了尤其高兴，盼望的巴不得马上看见。我尤其希望的是颉刚把所辨出的题目一条一条去仔细分理，不必更为一般之辨，如作《原经》一类的文章。从第二册拟目上看来，颉刚这时注意的题目在《诗》，稍及《书》。希望颉刚不久把这一堆题目弄清楚，俾百诗的考伪孔后更有一部更大的大观。

我觉得《春秋》三传问题现在已成熟，可以下手了。我们可以下列的路线去想：

（一）《春秋》是不是鲁史的记载？这个问题很好作答，把二百多年中所记日食一核便妥了。

（二）左氏经文多者是否刘歆伪造？幸而哀十四年有一日食，且去一核，看是对否。如不对，则此一段自是后人意加。如对，则今文传统说即玄同先生所不疑之"刘歆伪造"坠地而尽。此点关系非常之大。

（三）孔子是否作《春秋》？此一点我觉得竟不能决，因没有材料。但这传说必已很久，而所谓公羊春秋之根本思想实与《论语》相合。

（四）孟子所谓《春秋》是否即今存之断烂朝报？此一段并非不成问题。

（五）春秋一名在战国时为公名，为私名？

（六）公羊传思想之时代背景。

（七）公羊大义由《传》、《繁露》，到何氏之变迁，中间可于断狱取之。

（八）谷梁是仿公羊而制的，或者是一别传？

（九）《史记》与《国语》的关系。

（十）《史记》果真为古文家改到那个田地吗？崔君的党见是太深的，决不能以他的话为定论。

（十一）《左氏传》在刘歆制成定本前之历史。此一端非常重要。《左传》决不是一时而生，谅亦不是由刘歆一手所造。我此时有下一个设想：假定汉初有一部《国语》，又名《左氏春秋》，其传那个断烂朝报者实不能得其解，其间遂有一种联想，以为《春秋》与《国语》有关系，此为第一步。不必两书有真正之银丁扣，然后可使当时人以为有关系，有此传说，亦可动当时人。太史公恐怕就是受这个观念支配而去于《史记》中用其材料的，这个假设小，康崔诸君那个假设太大。公羊学后来越来越盛，武帝时几乎成了国学。反动之下，这传说亦越进化，于是渐渐的多人为《国语》造新解，而到刘向、刘歆手中，遂成此《左氏传》之巨观。古文学必不是刘歆一手之力，其前必有一个很长的渊源。且此古文学之思想亦甚自然。今文在当时成了断狱法，成了教条，成了谶纬阴阳，则古文之较客观者起来作反动，自是近情，也是思想之进化。

（十二）《左传》并不于材料上是单元。《国语》存本可看出，《国语》实在是记些语。《左传》中许多并不是语，而且有些矛盾的地方。如吕相绝秦语文章既不同，而事实又和《左传》所记矛盾。必是当年作者把《国语》大部分采来做材料，又加上好些别的材料，或自造的材料，我们要把它分析下去的。

（十三）《左传》、《国语》文字之比较。《左传》、《国语》的文字很有些分别，且去仔细一核，其中必有提醒人处。

（十四）东汉左氏传说之演进。左氏能胜了公羊，恐怕也有点适者生存的意思。今文之陋而夸，实不能满足甚多人。

（十五）古《竹书》之面目。

现在我只写下这些点。其实如是自己作起功来，所有之假设必然时时改变。今文古文之争，给我们很多的道路和提醒。但自庄孔刘宋到崔适，都不是些极客观的人物，我们必须把他所提醒的道路加上我们自己提醒的道路。

现在看《诗》，恐怕要但看白文，训诂可参考而本事切不可问。大约本事靠得住的如硕人之说庄姜是百分难得的；而极不通者一望皆是。如君子偕老为刺卫宣姜，真正岂有此理。此明明是称赞人而惜其运命不济，故曰"子之不淑"，犹云"子之不幸"。但论白文，反很容易明白。

《诗》的作年，恐怕要分开一篇一篇的考过，因为现在的"定本"，样子不知道经过多少次的改变，而字句之中经流传而成改变，及以今字改古字，更不知有多少了。《颂》的作年，古文家的家论固已不必再讨论。玄同先生的议论，恐怕也还有点奉今文家法罢？果如魏默深的说法，则宋以泓之败绩为武成，说"深入其阻，衰荆之旅"，即令自己不腼厚脸皮，又如何传得到后人？且殷武之武，如为抽象词，则哀公亦可当之，正不能定。如为具体词，自号武王是汤号。且以文章而论，《商颂》的地位显然介于邹鲁之间，《周颂》自是这文体的初步，《鲁颂》已大丰盈了。假如作《商颂》之人反在作《鲁颂》者之后，必然这个人先有摹古的心习，如宇文时代制诰仿《大诰》，石鼓仿《小雅》，然后便也。但即令宋人好古，也未必有这样心习。那么，《商颂》果真是哀公的东西，则《鲁颂》非僖公时物了。玄同先生信中所引王静庵先生的话，"时代较近易于摹拟"，这话颇有意思，并不必如玄同先生以为臆测。或者摹拟两个字用得不妙。然由《周颂》到《商颂》，由《商颂》到《鲁颂》，文体上词言上是很顺叙，反转则甚费解。

　　《七月》一篇必是一遗传的农歌；以传来传去之故，而成文句上极大之Corruption，故今已不顺理成章。这类时最不易定年代，且究是《豳风》否也未可知。因为此类农歌，总是由此地传彼地。《鸱鸮》想也是一个农歌；为鸟说话，在中国诗歌中有独无偶。《东山》想系徂东征成者之词，其为随周公东征否则未可知。但《豳风》的东西大约都是周的物事，因为就是《七月》里也有好些句与《二南》、《小雅》同。《大雅》、《小雅》十年前疑为是大京调、小京调。风雅本是相对名词，今人意云雅而曰风雅，实不词（杜诗"别裁伪体亲风雅"），今不及详论矣。

　　《破斧》恐是东征罢敝，国人自解之言如是。后人追叙，恐无如此之实地风光。《破斧》如出后人，甚无所谓。下列诸疑拟释之如下：

　　如云是周公时物，何以周诰如彼难解，此则如此易解？答，诰是官话，这官话是限于小范围的，在后来的语言上影响可以很小。诗是民间通俗的话，很可以为后来通用语言之所自出。如蒙古白话上谕那末不能懂，而元曲却不然，亦复一例。且官书写成之后，便是定本，不由口传。诗是由口中相传的，其陈古的文句随时可以改换，故显得流畅。但难使字句有改换，其来源却不以这字句的改换而改换。

　　周公东征时称王，何以……（未完）

　　　　抄到此地，人极倦，而船不久停，故只有付邮。尾十多张，待于上海发。

　　抄的既潦草，且我以多年不读中国书后，所发议论必不妥者多，妥者少，希望不必太以善意相看。

　　　　　　　　　　　　　　　　　　　　弟　斯年

颉刚案：傅孟真先生此书，从1924年1月写起，写到1926年10月30日船到香港为止，还没有完。他归国后，我屡次催他把未完之稿写给我；
无奈他不忙便懒，不懒便忙，到今一年余，还不曾给我一个字。现在
《周刊》需稿，即以此书付印。未完之稿，只得过后再催了。书中看不
清的草书字甚多，恐有误抄，亦俟他日校正。

一九二八、一、二

（原载1928年1月23日、31日《国立第一中山大学语言历史学研究所周刊》
第二集第十三、十四期）

戏论一（未刊稿）

时宇相对，日月倒行，我昨天在古董铺里搜到半封信，是名理必有者写的，回来一查通用的人名典，只说理必有是民国三十三世纪的人，好为系统之疑古，曾做《古史续辨》十大册，谓民国初建之时谈学人物颇多，当时人假设之名，有数人而一名者，有一人而数名者，有全无其人者，皆仿汉儒造作，故意为迷阵以迷后人，其谓孙文董《西游记》孙行者传说之人间化、当时化，黄兴亦本黄龙见之一种迷信而起。此均是先由民间传信，后来到读书人手中，一面求雅驯，一面借俗题写其自己理想的。此等议论盛行一时，若干代人都惊奇他是一位精辟的思想家，他这信的原文如下：

中华民国三千二百十四年六月十日疑成疑县理必有奉白：

顾乐先生辱你赏我一封信，叙述你先生自己于民国初建之史料上之心得，何等可感！细读几回，甚为佩服。我于此时史事亦曾研究，其一面始以为论一是当时文士之一面，数年后顿觉此实是当时一切史事之线索。盖当时史事多此数君以一种理想为之造作者，弟已布专书，现在略举两三个例：弟于《胡适年谱》上已证成世传之《胡适文存》很多是后人续入者，于《顾君考》上证名［明］顾君《古史解》颇多增改，此均不甚著警之论。其使人可以长想者，则有如钱玄同问题。世人以钱玄同与疑古玄同为一人，实是大愚，更附会谓钱越人故武肃王之苗裔，则等于桥山有黄帝陵一种之可笑矣。查玄是满洲朝康熙帝名，是则此名必不能先于民国元年，若同在民国元年改的，则试看所谓钱玄同一人之思想实是最薄中国的古物事者及通俗物事者，有此思想之人必不于此时改用此一个百分充足道士气之名无疑，故如玄同为王敬轩之字，犹可说也，玄同为此等思想之人之改定名，在理绝不可通。又如钱之一字今固当有姓钱者，今世人用文采粲然之纸币、皮币大张精印，而三千年前则用一种不便当的可憎品，当时人尤以为不然。今虽书缺文脱而常常见"铜臭物"一个名词，果然自己改名玄，名玄同，其何不并姓而亦改之？胡留此一不甚雅之字以为姓乎？细思方觉此实一非有先生，亡是公子，姑名为玄同，以张其虚，姓之曰钱，以表其实，世无有虚过于玄而实过于钱者，以此相反之词为名，实系一小小迷阵，若谓前人曰：看破者上智，看不破者下愚。何以见得呢？钱君后来至改姓疑古，疑古二字与钱同以喉音为纽，明是射覆的意思。我又比列一切见存钱君著作，所有在陈氏《理惑集》按此必《新青年》知于后世之名，《胡氏春秋》，按此必适之先生之《努力》

及其《读书杂志》，《古史解》按此必君之《古史辨》也，按其年次而列之，见其顾不一贯，显系至少有三人，一为一欲举一切故传而汇之者，一为一好谈当时之所谓注音字母者，一则组为一以一种激断论治经史材料者，所谓疑古玄同是也。此三类行radicalism文上甚不同，虽然勉强使其外表同，使其成部前后一贯因而其吃力勉强造成此前后求若一贯之状态，从此愈为显著。余曾断定末一玄同（疑古）实顾颉刚举其最激断之论加此名下而布之，其他二端亦当时《理惑集》中人所谓之［亡］有先生，盖《理惑集》中无此一格者，建筑意义上为不备格，一切证据均详该书（惜乎此地不详举！可惜，可惜！我的注），谓余不信，则试看玄同名下一切文字中之含性，始也便是一切扫荡之谈，而卒之反局于辩经疑古之绩，如有钱玄同其人，必是一多闻中国故事物者，于其名下之文文［字］中可见，如先弄了些中国故事，后来愿舍而去之，亦必先经辩经疑古之一步，然后更放而至于为一切扫荡之谈，理为顺叙，若既已至于一切扫荡矣，又安得转身回来标小言詹詹之疑古氏哉？此种颠倒之理叙，按之今时通以为然，胡适氏之个人或社会思想进化步次论，绝然不符，按之顾君之累层地造成之组织学论亦无，譬如藉薪，后来居下（胜按“下”字旁标二圈）者也，今人信民国初之人之疑古而忘疑民国初之人之古，不知民国初之人性德上亦如汉初之人耳，见斯公整齐文字则谓史籍亦然，则有周公则谓亦有伊尹，此汉初儒者的说法。识破这些圈套矣而另造些圈套以试试后人之眼力，此民国初儒者的说法。明知没有左丘明，更没有丘明作传的故事，偏自编一部书，说是丘明作的传，这是刘子骏的办法。明知没有谯周，更没有谯周作《古史解》故事，遍造了这断［段］故事，又作了一部书，使他多学三分之二，同于乌有谯周之凭虚书，却不说《古史辨》是诅信之作了。这是顾颉刚的进化了的办法。此之进化是时代

的果……（下文不及见，可惜）

请颉刚转以质之我们的玄同先生，这断［段］小小疑古是难保无啊，或者是莫须有呢？我想诸公"作法自毙"、"不暇自哀而使后人哀之也"。

（此文经杜正胜先生整理而成。）

附录：《戏论》解题

杜正胜

《戏论》是傅斯年先生的未刊稿，写在一本题作"答阑散记"的笔记本中（"博斯年档案"编号Ⅱ：910），这是一篇寓言性的文章，讽刺疑古派，但具有严肃的史学方法论的意义，非嘻笑怒骂者可比。傅斯年创造一位民国三十三世纪的人，名叫"理必有"，好为系统之疑古，主张民初的孙文是孙行者的人间化，黄兴是黄龙见之一种迷信而起，其实均无其人。这位"理必有"当然就是顾颉刚，系统之疑古即是"层累地造成的中国古史说"。民国三千多年的理必有之疑孙文、黄兴，即是民国初年的顾颉刚之疑尧舜夏禹，王羲之所云"后之视今，亦犹今之视昔也"。傅斯年模仿疑古派的论证方法证明"钱玄同"这个人是子虚乌有的，玄是很道士气的，钱是很市侩气的，而造在一起，即一以张其虚，又一以表其实，故布一小小迷阵来考验后世学者的眼力。就是所谓钱玄同的思想也是拼凑的。否则一个人怎么既弃一切故传如陈独秀，又提倡注音字母如胡适之．还那么激断地否定经史材料如顾颉刚，这个三合一的"钱玄同"，"实顾颉刚举其最激断之论加此名下而布之"，其实没有这个人。博斯年可谓以子之矛攻子之盾，批评疑古派"以不知为不有"的危险性。他们不是"疑古"，其实是"诅信"。疑古派中虽然以顾颉刚最有名，但他从辨"伪书"进而辨"伪事"，实受钱玄同的启示，钱氏才是疑古陈营的灵魂人物。傅斯年看到这点，故这篇《戏论》特别消遣钱玄同。说他比胡适的个人或社会进化步次论，以及顾颉刚的层累造成说更前进，但实质是"譬如藉薪，后来居下"（他在"下"字旁加两圈）。疑古的学风将"不暇自哀而使后人哀之"。傅先生写此文的年代大概与作北大讲义《史学方法导论》接近，因为二者有一些共同线索，约在民国二十年左右。这时他已与顾颉刚反目，虽然思想学风不同，但很少调侃顾颉刚。

（原载1995年12月《中国文化》第12期）

论所谓五等爵

一

五等爵之说旧矣，《春秋》、《孟子》、《周官》皆为此说作扶持矣。然《孟子》所记史实无不颠倒。《周官》集于西汉末，而《春秋》之为如何书至今犹无定论。故此三书所陈五等爵之说，果足为西周之旧典否，诚未可遽断。吾尝反复思之，以为相传之五等爵说颇不能免于下列之矛盾焉。

一与《尚书》不合　《周书·康诰》，"四方民大和会，侯甸男邦采卫，百工播民和，见士于周。"又《酒诰》，"越在外服，侯甸男卫邦伯；越在内服，百僚庶尹。"《召诰》，"周公乃朝，命庶殷侯甸男邦伯。"《顾命》[①]，"庶邦侯甸男卫。"郑玄以五服之称释此数词，而诂经者宗之，此不通之说也[②]。按五服说之最早见者，为《周语》上，其文曰："夫先王之制，邦内甸服、邦外侯服、侯卫宾服、蛮夷要服、戎狄荒服。甸服者祭，侯服者祀，宾服者享，要服者贡，荒服者王。"此言畿内者为甸，畿外者为侯，侯之附邑为宾，蛮夷犹可羁縻，戎狄则不必果来王也。盖曰王者，谓其应来王，而实即见其不必果来王矣。又战国人书之《禹贡》所载五服为甸侯绥要荒，固与《周语》同，绥服即宾服，而与《周书》中此数词绝非指一事者。若《康诰》、《召诰》、《顾命》所说，乃正与此不类。甸在侯下，男一词固不见于五服，而要服荒服反不与焉，明是二事。近洛阳出周公子明数器，其词有云，"唯十月，月吉，癸未，明公朝至于成周。⚒ 命舍三事命，众卿事寮，众诸尹，众里君，众百工，众诸侯，侯田男，舍四方命。"持以拟之《尚书》，《顾命》之"庶邦侯甸男卫"者，应作庶邦侯，侯田男，犹云，诸侯，及诸侯封域中之诸男也。"侯甸男卫"者，"侯，侯田男，卫"，犹云，诸侯，及诸侯封域中之诸男，及诸卫也。"侯甸男邦采卫"者，犹云，诸侯，及诸侯封域中之诸男，及邦域之外而纳采之诸卫也。《韩诗外传》八，"所谓采者，不得有其土地人民，采取其租税尔。"此采之确解也。"侯甸男邦伯"者，犹云，诸侯，及诸侯封域中之诸男，及诸邦之伯也。"侯甸男卫邦伯"者，诸侯，及诸侯封域中之诸男，及卫，及诸邦之伯也。持周公子明器刻辞此语以校《尚书》，则知侯下有重文，传经者遗之。此所云云，均称呼畿外受土者之综括列举辞。而甸乃侯甸，非《国语》所谓王甸之服，与五服故说不相涉也。古

---

① 马融后作康王之诰。

② 或不始于郑君。

来诏令不必齐一其式，故邦伯或见或不见，而王臣及诸侯亦或先或后。然《尚书》此数语皆列举畿外受土者之辞，果五等爵制为周初旧典者，何不曰"诸公侯伯子男"乎？此则五等爵之说显与《尚书》矛盾矣。

二与《诗》不合 《诗》言侯者未必特尊，如，"载驰载驱，归唁卫侯"。"齐侯之子，卫侯之妻"。而言伯者则每是负荷世业之大臣，如召伯、申伯、郇伯、凡伯。果伯一称在爵等之义意上不逮侯者，此又何说？

三与金文不合 自宋以来著录之金文刻辞无贯称"公侯伯子男"者。若周公子明诸器刻辞，固与《尚书》相印证，而与五等爵说绝不合。

四以常情推之亦不可通。上文一二三已证五等爵说既与可信之间接史料即《尚书》、《诗》者不合，又与可信之直接史料即金文者不合矣，今更以其他记载考之，亦觉不可通。《顾命》，"乃同召大保奭，芮伯，彤伯，毕公，卫侯，毛公，师氏，虎臣，百尹，御事。"以卫侯、毕公、毛公之亲且尊，反列于芮伯、彤伯之下，果伯之爵小于公侯乎？一也。"曹叔振铎，文之昭也"，而反不得大封，列于侯之次乎？二也。郑伯、秦伯，周室东迁所依，勋在王室。当王室既微，乃反吝于名器，以次于侯之伯酬庸乎？三也。如此者正不可胜数。

顾栋高《春秋大事表·五列国爵姓表》，所记爵姓，非专据经文，乃并据《左传》及杜预《集解》，且旁及他书者。经文与《左传》固非一事，姑无论《左传》来源之问题如何，其非释经之书，在今日之不守师说者中已为定论。而杜氏生于魏晋之世，其所凭依今不可得而校订。故顾栋高此表颇为混乱之结果。然若重为编订，分别经文、左氏、杜氏三者，则非将此三书作一完全之地名、人名索引不可：此非二三月中所能了事。故今仍录原文于下，兼附数十处校记。若其标爵之失，称始封之误，姑不校也。

国	爵	姓	始封	今补记
鲁	侯	姬	周公子伯禽	彝器中称鲁侯
蔡	侯	姬	文王子叔度	彝器中称蔡侯
曹	伯	姬	文王子叔振铎	彝器中有量侯张之洞释为曹
卫	侯	姬	文王子康叔封	彝器中有康侯封鼎
滕	侯^{后书子}	姬	文王子叔绣	彝器中有滕侯敦
晋	侯	姬	武王子叔虞	彝器中有晋公盦
郑	伯	姬	厉王子友	
吴	子^{按《国语》本伯爵}	姬	太王子太伯	彝器中称工吴王
北燕	伯^{《史记》作侯}	姬	召公奭	彝器中称郾侯，郾公，郾王
齐	侯	姜	太公尚父	彝器中称齐侯
秦	伯	嬴	伯益后非子	彝器中有秦公敦
楚	子	芈	颛顼后熊绎	彝器中称公称王
宋	公	子	殷后微子启	彝器中有宋公韶钟，或称商
杞	侯^{后书伯或书子按《正义》本公爵}	姒	禹后东楼公	彝器中称杞伯
陈	侯	妫	舜后胡公	彝器中有"陈侯"者皆齐器，与此无涉
薛	侯^{后书伯}	任	黄帝后奚仲	彝器中称辥侯
邾	子^{本附庸进爵}	曹	颛顼苗裔挟	彝器中称邾公

莒	子	己	兹舆期	彝器中称鄑侯
小邾	子（本附庸进爵）	曹	邾公子友	
许	男	姜	伯夷后文叔	彝器中称邥子
宿	男	风	太皞后	
祭	伯	姬	周公子	彝器中有祭中鼎
申	侯	姜	伯夷后	彝器中称申伯
东虢		姬	文王弟虢仲	
共	伯			
纪	侯	姜		彝器中称己侯
夷		妘		
西虢	公	姬	文王弟虢叔	彝器中有虢季子白盘等
向		姜		
极	附庸	姬		
邢	侯	姬	周公子	彝器中称井伯井侯
郕	伯	姬	文王子叔武	
南燕	伯	姞	黄帝后	
凡	伯	姬	周公子	
戴		子		
息	侯	姬		
郜	子	姬	文王子	
芮	伯	姬		彝器中称芮公、芮伯

魏		姬	
州	公	姜	
随	侯	姬	
穀	伯	嬴	
邓	侯	曼	彝器有邓公敦
黄		嬴	
巴	子	姬	
鄾	子		
梁	伯	嬴	彝器有梁伯戈
荀 或云即郇国	侯	姬	
贾	伯	姬	
虞	公	姬 仲雍后虞仲	
贰			
轸			
郧 即邧国	子		
绞			
州			
蓼			
罗		熊	
赖	子		
牟	附庸		
葛	伯	嬴	

於余邱

谭	子		子	
萧	附庸		子	萧叔大心
遂			妫	
滑	伯		姬	
原	伯		姬	文王子
权			子	
郭				
徐	子		嬴	伯益后	彝器中概称郤王
樊	侯			仲山甫	彝器中有樊君鬲。此为畿内之邑，晋文公定戎难时，王以赐晋。其称君不称侯正与金文之例合也。
郮	附庸		姜	
耿			姬	
霍	侯		姬	文王子叔处
阳	侯		姬	
江			嬴	
冀				
舒	子		偃	
弦	子		隗	
道				

柏				
温	子	己	司寇苏公	
鄟	子	姒	禹后	彝器中有曾伯簠
厉		姜	厉山氏后	
英氏		偃	皋陶后	
项				
密		姬		
任		风	太皞后	
须句	子	风	太皞后	
颛臾	附庸	风	太皞后	
顿	子	姬		
管		姬	文王子叔鲜	
毛	伯	姬	文王子叔郑	彝器中称毛公
聃		姬	文王子季载	
雍		姬	文王子	
毕		姬	文王子	
酆	侯	姬	文王子	
郇	侯	姬	文王子	彝器中有旬伯簠
邘		姬	武王子	
应	侯	姬	武王子	彝器中有应公敦
韩	侯	姬	武王子	
蒋		姬	周公子	

茅		姬	周公子	
胙		姬	周公子	
郜				彝器中皆称郜公 又有郜公平侯敦
夔	子	芈	熊挚	
桧		妘	祝融后	
沈	子	姬		
六		偃	皋陶后	
蓼		偃	皋陶后	
偪		姞		
麇	子		·	
巢	伯见《尚书》序			
宗	子			
舒蓼		偃	皋陶后	
庸				
崇				
郯	子	己	少昊后	
莱	子	姜		
越	子	姒	夏后少康子	
刘	子	姬	匡王子	
唐	侯	祁	尧后	
黎	侯			

邿	附庸			
州来				
吕	侯	姜		彝器中有称吕王者
檀	伯			
钟离	子			
舒庸		偃		
偪阳	子	妘		
郲				
铸		祁	尧后	
杜	伯	祁	尧后	
舒鸠	子	偃		
胡	子	归		
焦		姬		
杨	侯	姬		彝器中有阳白鼎
邯				彝器中称邯伯邯子
庸				
沈			金天氏苗裔台骀之后	
姒			同上	
蓐			同上	
黄			同上	
不羹				
房				

郯	子		妘	
钟吾	子			
桐			偃	
戎				
北戎				
卢戎	子			南蛮
大戎		姬		唐叔后
小戎		允		四岳后
骊戎	男	姬		
山戎				即北戎
狄				有白狄赤狄二种
犬戎				西戎之别在中国者
东山皋落氏				赤狄别种
扬拒泉皋伊雒之戎				
淮夷				
陆浑之戎又名阴戎	子	允		即小戎之徙于中国者
廧咎如		隗		赤狄别种
介				东夷国
姜戎	子	姜		四岳后陆浑之别部

白狄			
鄋瞒	漆	防风氏后	
群蛮			
百濮		西南夷	
赤狄			
根牟		东夷国	
潞氏　　子		赤狄别种	彝器中有貉子卣不知即是潞否
甲氏		赤狄别种	
留吁		赤狄别种	
铎辰		赤狄别种	
茅戎		戎别种	
戎蛮即蛮氏　子		戎别种	
无终　　子		山戎种	
肃慎		东北夷	
亳		西夷《史记索隐》盖成汤之胤	
鲜虞一名中山	姬	白狄别种	
肥　　子		白狄别种	
鼓　　子	祁	白狄别种	.
有莘		夏商时国	
有穷		夏时国下同	
寒			

有鬲	偃	
斟灌	姒	
斟郡	姒	
过		
戈		
豕韦	彭	夏商时国
观	姒	夏时国
扈	姒	同上
姺		商时国 下同
邳		
奄	嬴	
仍		夏时国 下同
有缗		
骀		
岐		
蒲姑		商时国
逢	姜	商时国
昆吾	己	夏时国
密须	姞	商时国
阙巩		古国
甲父		同上
飂		古国

飂夷	董	虞夏时国
封父		古国
有虞	姚	夏商时国

补记诸节，大致据余永梁先生之《金文地名表》。但举以为例，以见杜说与金文之相差而已，不获一一考其详也。以下又录金文所有顾表所无者若干事。

国名	姓	称号（自称者）	
召	姬	伯	彝器有召伯虎敦
散	姬	伯	彝器有散伯敦
矢		王	彝器有矢王鼎矢王尊，散盘中亦称之为矢王
辅		伯	彝器有辅伯鼎
苏		公	彝器有苏公敦
相		侯	彝器有相侯鼎
龙		伯	彝器中有龙伯戈
铸		公，子	彝器中有铸公簠、铸子钟
郜		伯	彝器中有郜伯鼎
钟		伯	彝器中有钟伯鼎

据上列顾表，以公为称者五，宋，西虢，州，虞，刘，而刘标子爵。此则据杜氏之非。经文固明明言刘公，其后乃言刘子，此畿内之公，其称公乃当然也。今共得称公者五，而其三为畿内之君，虞虢刘皆

王室卿士也。其一之州公最突兀，《公羊传》桓五年，"冬州公如曹。相如不书，此何以书？过我也。""六年春正月，寔来。寔来者何？犹曰是人来也。孰谓？谓州公也。曷为谓之寔来？慢之也。曷为慢之？化我也。"此真断烂朝报中之尤断烂处。春秋全经中，外相如不书，意者此文盖"公如曹""公至自曹"之误乎？无论此涉想是否可据，而州之称公无先无后，固只能存疑，不能据以为例。然则春秋称公者，王室世卿之外，其惟宋公乎？此甚可注意者也。又姬姓在此表中除爵号不详者外；列于侯者十六，为最多数；列于伯者十二，曹、郑、祭、北、燕、郕、芮、凡、贾、滑、原、毛；列于子者，除刘子前文中已订正外，尚有吴、巴、郐、顿、沈；列于男者一，骊戎；列于附庸者一，极。子男之姬姓者，非越在蛮夷，如吴如巴，即陈蔡间之小国；若郐则仅以其大鼎见于经文，春秋前已灭；骊则本是戎狄之类。此数国受封之原，除吴、郐外皆不可详。如顿、沈之是否姬姓，经文《左传》亦无说也。姬姓何以非侯即伯，号子者如此甚少？此又可注意者也。表中以子为号而从杜氏标姓为姬者，已如上所举，若其他号子者，则

  子姓有   谭；

  姜姓有   莱，姜戎；

  曹姓有   邾，小邾；

  己姓有   莒，温，郯；

  嬴姓有   徐；

  姒姓有   鄫，越；

  芈姓有   楚，夔；

  隗姓有   弦；

  偃姓有   舒，鸠舒；

  妘姓有   偪阳，鄅；

  归姓有   胡；

风姓有	须句；
祁姓有	鼓；
允姓有	陆浑之戎；

姓无可考者有　鄾，郧，赖，麇，宗，潞，戎蛮，无终，肥，钟离，钟吾，卢戎。

再以地域论之，则在南蛮东夷者十七，吴，楚，巴，鄾，郧，赖，舒，弦，顿，夔，宗，越，钟离，舒，鸠，卢戎（以上偏南），邾，莒，小邾，徐，郯，须句，郑，莱，胡，鄅，钟吾（以上偏东）；在戎狄者七，姜戎，陆浑之戎，潞，戎蛮，无终，肥，鼓。至于谭，温，顿，沈，麇，偪阳，各邑中，则温在王畿之内，谭入春秋灭于齐，顿沈之封不详，偪阳则妘姓之遗，亦楚之同族也（见《郑语》）。约而言之，以子为号者，非蛮夷戎狄，即奉前代某姓之祀者，质言之，即彼一姓之孑遗。其中大多数与国之宗盟不相涉。彼等有自称王者，如徐，楚，吴，越，春秋加以子号，既非其所以自称，恐亦非周室所得而封耳。

男之见于前表者，仅有三，许，宿，骊戎。准以周公子明器中"侯田男"一语，男实侯之附庸。戎骊之称男不见于《春秋》经，宿亦然。准以《鲁颂》"居常与许，复周公之宇"，及隐十一年《左传》，"秋七月，公会齐侯、郑伯伐许……壬午遂入许……齐侯以许让公"之文，则许在始乃鲁之附庸，故入其国先以让鲁，鲁思往事之强大，而欲居常与许也。意者许在初年，曾划入鲁邦域之内，其后自大，鲁不过但欲守其稷田耳。及郑大，并此亦失之矣。今彝器有许子簠许子钟，无而称许男者（鲁邦域所及，余另有文论之）。可知彼正不以"侯田男"自居也。

如上所分析，则五等称谓之分配颇现淆乱，其解多不可得。今先就字义论之；果得其谊，再谈制度。

二

公，君也。《尔雅》，"公，君也"，释名同。《左传》所记，邦君相称曰君，自称曰寡君，而群下则称之曰公。是公君之称，敬礼有小别，名实无二致也。

君，兄也。《诗·邶鄘卫风·鹑之奔奔》云：

> 鹑之奔奔，鹊之强强。人之无良，我以为兄。
> 鹊之强强，鹑之奔奔。人之无良，我以为君。

国风之成章，每有颠倒其词，取其一声之变，而字义无殊者。此处以君兄相易，其义固已迫近，而考其音声，接近尤多。《广韵》，君，上平二十文，举云切；兄，下平十二庚，许荣切。再以况呪诸字从兄声例之。况、呪均在去声四十一漾，许访切，似声韵均与兄界然。然今北方多处读音，况、呪诸字每读为溪纽或见纽，而哥字之音则见纽也（唐韵，哥，古俄切）。《诗》以强、兄为韵，则兄在古邶音中，必与强同其韵部。此在今日虽不过是一种假设，然可借之连络处正多，今试详之。

公、兄、君、尹、昆、翁、官、哥，皆似一名之分化者。今先列其反切韵部如下，再以图表之：

公	上平	东部	古红切	见纽
兄	下平	庚部	许荣切	晓纽
君	上平	文部	举云切	见纽
尹	上平	准部	余准切	喻纽
昆	上平	魂部	古浑切	见纽

翁	上平	东部	乌红切	影纽
官	上平	桓部	古丸切	见纽
哥	唐韵		古俄切	见纽

兹将上列各纽部表以明之

收音 发音	浅喉 ng	舌头 n	元音
浅喉破裂 k，g	公 兄（古读）	昆 官 君	哥
浅喉磨擦 h，x	兄（今读）		
深喉及元音	翁	尹	

公，君，兄，已如上所述，至其余诸字之故训，分记如下：

尹　《广雅·释诂》，"尹，官也。"王氏《疏证》曰，"《尔雅》，'尹，正也。'郭璞注云，'谓官正也。'《周颂·臣工传》云，'工，官也。'《洪范》云，'师尹惟日。'《皋陶谟》云，'庶尹允谐。'《尧典》云，'允厘百工。'"又，尹犹君也。《左氏》隐三年经文，"君氏卒"，《公羊》、《穀梁》作尹氏卒。《左传》昭二年，"棠君"，《释文》云，君本作尹。然金文中文之加口虽有时可有可略，而君尹之称实有别异。如周公子明诸器，"还诸尹，还里君"，盖尹司职，君司土，果原为一字，彼时在施用上已分化矣。

昆　《诗》、《左传》、《论语》中，用昆为兄之例甚多。《尔雅·释亲》，亦晜（昆）、兄错用。

翁　《广雅·释亲》，"翁，父也。"《疏证》，"《史记·项羽纪》云，'吾翁即若翁。'"此以翁为父。《方言》，"凡尊老，周晋秦陇谓之公，或谓之翁"。此以翁为泛称老者。又，汉世公主称翁主，则汉世言翁，实即公矣。翁字虽有此多义，然尹翁归字子兄，此翁与兄同谊之确证也。翁与兄同谊，并不害其可用于称父。人每谓父兄为老，而父兄在家亦有其同地位。父没，兄之权犹父也。自老孳乳之殊字，可以分称父兄，初无奇异。如姐，《广雅》以为母也，今则南北人以称其姊。

官　《周礼》牛人，掌养国之公牛，巾车，掌公车之政令，注并云，"公犹官也"。

哥　后起字。然今俗语含古音甚多，而古字之读音，或反不如。例如爸之声固近于父之古读，而父之今读反远于父之古读。

循上列诸义，试为其关系之图。此虽只可作为假设，然提醒处颇多，充而实之，俟异日焉。

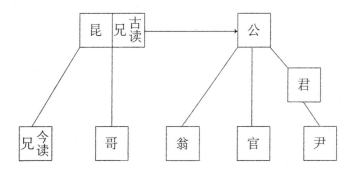

公一名在有土者之称谓中，无泛于此者。王室之元老称公，召公、毛公等是。王室之卿士邑君称公，刘子、尹子是。若宋则于公之外并无他号。伯亦得称公。《吴语》："董褐复命曰，'夫命圭有命，固曰吴伯，不曰吴王；诸侯是以敢辞。夫诸侯无二君，而周无二王。君若无卑天子，以干其不祥，而曰吴公，孤敢不顺从君命，长弟许诺？'吴王许诺，乃退就幕而会。吴公先歃，晋侯亚之。"是伯之称公可布于盟书也。侯在其国皆称公，不特《左传》可以为证，《诗》、《书》皆然。《书·费誓》，"公曰，嗟！"《秦誓》，"公曰，嗟！"子男亦称公。春秋于许男之葬固书公，不书男。至于由其孳生之词，如公子，不闻更有侯子，伯子。然则公者，一切有土者之泛称，并非班爵之号。

宋之称公，缘其为先朝之旧，并非周所封建之侯，而亦不得称王耳。虞、虢之称公，缘其为王甸中大宗。侯伯子男皆可于其国称公，或为邻国人称之曰公，非僭也。果其为僭者，何缘自西周之初即如此耶？以公称为僭者，宋人说经之陋，曾不顾及《春秋》本文也。

宋之不在诸侯列，可以金文证之。吴大澂释周愙鼎文云，"口厥师眉见王，为周客。锡贝五朋，用为宝器；鼎二，敱二。其用享于乃帝考。"吴云，"周王之客，殷帝之子，其为微子所作无疑也。"彼为周客则不得为周侯，周不容有二王，则彼不得为宋王，只得以泛称之公为称，最近情理者也。《春秋》之序，王卿霸者之后，宋公独先，亦当以其实非任诸侯之列，不当以其称公也。

侯者，射侯之义，殷周之言侯，犹汉之言持节也。《仪礼·大射仪》，"司马命量人量侯道。"郑注，"所射正谓之侯者，天子中之则能服诸侯，诸侯以下中之则得为诸侯。"此当与侯之初义为近。《周书·职方》，"其外方五百里，为侯服。"注，"孔曰，侯，为王斥侯也。"此当引申之义。侯之称见于殷墟卜辞。民国十七年董彦堂先生所获有"命周侯"之语，而前人所见有侯虎等词，是知侯之一称旧矣，其非周之创作无疑。至于何缘以射侯之称加于守土建藩之士，则亦有说。射者，商周时代最重之事，亦即最重之礼。《左传》，晋文公受九锡为侯伯时，辂服之次，彤弓、彤矢为先。《诗三百》中，王者之锡，亦只彤弓之赐独成一篇。又《齐风·猗嗟》，齐人美其甥鲁庄公也，除美其容止以外，大体皆称其射仪。其词曰：

猗嗟昌兮！顾而长兮！抑若扬兮！美目扬兮！巧趋跄兮！射则臧兮！

猗嗟名兮！美目清兮！仪既成兮！终日射侯，不出正兮！展我甥兮！

猗嗟娈兮！清扬婉兮！舞则选兮！射则贯兮！四矢反兮，以御乱兮。

是知纠纠武夫者，公侯之干城；射则贯者，王者之干城也。侯非王畿以内之称，因王畿以内自有王师，无所用其为王者斥候也。而亦非一切畿外有土者之通称，因有土者不必皆得受命建侯。必建藩于王畿之外，而为王者有守土御乱之义，然后称侯。内之与王田内之有土称公者不同，外之与侯卫宾服者亦异。后世持节佩符者，其义实与侯无二。

伯者，长也。此《说文》说，而疏家用之，寻以经传及金文记此称谓诸处之义，此说不误也。伯即一宗诸子之首，在彼时制度之下，一家之长，即为一国之长，故一国之长曰伯，不论其在王田在诸侯也。在王甸之称伯者，如召伯虎，王之元老也，如毛伯，王之叔父也，芮伯，王之卿士也。在诸侯之称伯者，如曹伯，郧伯，此王之同姓也，如秦伯、杞伯，此王之异姓也。至于伯之异于侯者，可由侯之称不及于畿内，伯之称遍及于中外观之。由此可知伯为泛名，侯为专号，伯为建宗有国者之通称，侯为封藩守疆者之殊爵也。若子，则除蛮夷称子外，当为邦伯之庶国（论详下节）。果此设定不误，是真同于日耳曼制，graf, landgraf, markgraf之别矣。graf者，有土者一宗中之庶昆弟，当子；landgraf者，有土者一宗中之长，当伯；markgraf者，有土者斥候于边疆，得以建节专征者也。

《春秋》、《左传》、杜解传说（即《春秋左传》杜解等，以顾表为代表）之称伯者，与金文中所见之称侯伯者，颇有参差，看前表即知之。金文称伯者特多，传说则侯多。已出金文之全部统计尚未知，而金文既非尽出，其中时代又非尽知，且金文非可尽代表当世，故如持今日金文之知识以正顾表，诚哉其不足。然亦有数事可得而论次者：一则王室卿士公伯互称，此可知伯之非所谓爵也。二则齐鲁侯国绝不称伯，此可知侯之为号，固有殊异之荣。三则公固侯伯之泛称也。又一趋向可由顾表推知者，即称侯之国，其可考者几无不是周初宗胤，后来封建，若郑若秦，虽大，不得为侯。意者侯之为封本袭殷商，周初开辟土宇，犹有此戎武之号。逮于晚业，拓土无可言，遂不用乎？周威烈王二十三年，命晋大夫魏斯、赵藉、韩虔为诸侯，后又以侯命田氏。此均战国初事，当时小国尽灭，列国皆侯称，威烈王但抄古礼而已，非当时之制矣。

侯伯之伯，论作用则为伯之引申，论文义反是伯之本义。犹云诸侯之长，与上文所叙宗法意义下之伯，在字义上全同，即皆就长而言，在指谓上全不同，即一为家长（即国长），一为众侯之长耳。

子者，儿也。下列金文甲文异形，观其形，知其义。今作子者借字也。

以子称有土者，已见于殷，微子箕子是。子者，王之子，故子之本义虽卑，而箕子微子之称子者，因其为王子，则甚崇。至于周世，则以子称有土者，约有数类。最显见者为诸邦之庶子。邦之长子曰伯，然一邦之内，可封数邦，一邦之外，可封某邦之庶子，仍其本国之称。然则此之谓子，正对伯而言。吴之本国在河东王甸之中，故越在东南者为子。鄫之本国何在，今不可考知，然能于宗周时与申同以兵力加于周室，其不越在东夷可知，而越在东夷者为子。然则子之此义，正仲叔季之通称，与公子之义本无区别，仅事实上有土无土之差耳。诸侯之卿士称子，亦缘在初诸为侯卿士者，正是诸侯之子。又王甸中之小君，无宗子称伯者可征，或亦称子，如刘子尹子。若然，则子之为称，亦王甸中众君之号，其称伯者，乃特得立长宗者耳。

至于蛮夷之有土者，则亦为人称子，自称王公侯伯。宗周钟，"王肇通省文武，堇疆土。南国服子敢臽虐我土。"是金文中之证。若《春秋》，则以子称一切蛮夷，尤为显然。此类子称，有若干即非被称者之自认，又非王室班爵之号。此可证明者：例如荆楚，彼自称王，诸侯与之订盟，无论其次叙先后如何，准以散盘矢氏称王之例，及楚之实力，其必不贬号无疑也。然《春秋》记盟，犹书曰楚子。《国语·吴语》，"夫命圭有命，固曰吴伯，不曰吴王，诸侯是以敢辞。诸侯无二君，而周无二王。君若无卑天子，以干其不祥，而曰吴公，孤敢不顺从君命，长弟许诺？吴王许诺，乃退就幕而会。吴公先歃，晋侯亚之。"《春秋》书曰，"吴子"，既与吴之自号不同，又与命圭有异也；是以蛮夷待吴也。至命圭有命，固曰吴伯者，意者吴之本宗在河东者已亡，句吴遂得承宗为伯乎？今又以金文较《春秋》，则莒自称为侯，而《春秋》子之，邾自泛称公，而《春秋》子之，楚自称为王，为公，而《春秋》子之。虽金文亦有自称子者，如许，然真在蛮夷者，并不自居于子也。然则蛮夷称子，实以贱之，谓其不得比于长宗耳。子伯之称既无间于王甸及畿外，其初义非爵，而为家族中之亲属关系，无疑矣！

就子一称之演变观之，颇有可供人发噱者。子本卑称，而王子冠以地名，则尊，微子箕子是也。不冠地名，则称王子，如王子比干。此之为子，非可尽人得而子之。称于王室一家之内者，转之于外，颇有不恭之嫌。满洲多尔衮当福临可汗初年摄政时，通于福临之母，臣下奏章称曰叔父摄政王，此犹满人未习汉俗之严分内外。果有汉臣奏请，叔父者，皇之叔父，非可尽人得而叔父之；遂冠皇于叔父之上。此正如王子公子之造辞也。子一名在周初如何用，颇不了然，《周书》历举有土之君，子号不见。春秋之初，诸侯之卿。王室之卿，均称子，已见于典籍矣。前一格如齐之高国，晋之诸卿，鲁之三桓，后一格如刘子。至孔子时，士亦称子，孔子即其例也。战国之世，一切术士皆称子，子之称滥极矣。汉世崇经术，子之称转贵，汉武诏书，"子丈夫"，是也。其后历南北朝隋唐，子为严称。至宋则方巾之士，自号号人，皆曰子，而流俗固不以子为尊号。今如古其语言，呼人以子，强者必怒于言，弱者必怒于色矣。又"先生"一称，其运命颇可与子比拟。《论语》，"有酒食，先生馔，有事弟子服其劳。"此先生谓父兄也。至汉而传经传术者犹传家，皆先生其所自出，此非谓父兄也。今先生犹为通称，而俚俗亦每将此词用于颇不佳之职业。又"爷"之一词亦然。《木兰词》，"阿爷无大儿，木兰无长兄"，又云，"不闻爷娘唤女声"，爷者，父也。今北方俗呼祖曰爷，外祖曰老爷，犹近此义。明称阁部为老爷，以尊其亲者尊之也。历清代遞降，至清末则虽以知县县丞之微，不愿人称之为老爷而求人称之为大老爷。此三词者，"子"，"先生"，"爷"，皆始于家族，流为官称，忽焉抬举甚高，中经降落，其末流乃沉沦为不尊之称焉。

男者，附庸之号，有周公子明诸器所谓"诸侯，侯田男"者为之确证。按以《周书》所称"庶邦侯田男卫"诸词，此解可为定论。男既甚卑，则称男者应多，然《春秋》只书许男，而许又自称子（许子钟、许子簠）。此由许本鲁之附庸，鲁之势力东移，渐失其西方之纲纪，许缘以坐大，而不甘于附庸之列。鲁虽只希望"居常与许"，终不能忘情，《春秋》遂一仍许男之称焉。鲁许之关系，别详拙著《大东小东说》，此不具论。

三

以上之分析与疏通，义虽不尽新，而系统言之，今为初步。其中罅漏甚多，惟下列结语颇可得而论定焉。

一、公伯子男，皆一家之内所称名号，初义并非官爵，亦非班列。侯则武士之义，此两类皆宗法封建制度下之当然结果。盖封建宗法下之政治组织，制则家族，政则戎事，官属犹且世及，何况邦君？如其成盟，非宗盟而何？周室与诸国之关系，非同族则姻戚，非姻戚则"夷狄"。盖家族伦理即政治伦理，家族称谓即政治称谓。自战国来，国家去宗法而就军国，其时方术之士，遂忘其古者之不如是，于是班爵禄之异说起焉。实则"五等爵"者，本非一事，既未可以言等，更未可以言班爵也。

二、五名之称，缘自殷商，不可以言周制。今于卜辞中侯伯具见，其义已显，上文叙之已详。若公则载于《殷虚书契前编》卷二第三叶者凡二，子男二字亦均见，特文句残缺，无从得知其确义耳。

三、《春秋》虽断烂，其源实出鲁国，故其称谓一遵鲁国之习惯，与当时盟会之实辞，周室命圭之所命，各有不同。与其谓《春秋》有褒贬之义，毋宁谓其遵鲁国之习耳。

四、男之对侯，子之对伯，一则有隶属之义，一则有庶长之别。其有等差，固可晓然。若伯之与侯，侯之于公，实不可徒以为一系统中之差别。

殷周（指西周下文同）之世，在统治者阶级中，家即是国，国即是家。家指人之众，国指土之疆。有人斯有土，实一事耳。然世入春秋，宗法大乱。春秋初年，可称为列国群公子相杀时代，其结果或则大宗之权，落于庶支，例如宋鲁；或则异姓大夫，得而秉政，例如齐晋。晋为军国社会最先成立之国家，其原因乃由于献公前后之尽诛公族。桓庄之族死于先，献惠之子杀于后，故自重耳秉政，执政者尽为异姓之卿。在此情景之下，家国之别，遂判然焉。孟子以为国之本在家者，仍以春秋时代宗法之义言之也。自家国判然为二事，然后一切官私之观念生，战国初年，乃中国社会自"家国"入"官国"之时期，顾亭林所谓一大变者也。前此家国非二事也。《诗》曰："雨我公田，遂及我私。"此谓国君之公，非后世所谓公家之公。战国人狃于当时官国之见，以为古者之班爵整严，殊不知古时家，部落，国家，三者不分者，不能有此也。狃于当时家国之分，殊不知殷周本无是也。狃于当时君臣之义，殊不知古之所谓臣，即奴隶及其他不自由人。金文中时有锡臣若干人之说；《论语》，"子疾病，子路使门人为臣。……子曰，无臣而为有臣，将谁欺？欺天乎？且予死于臣之手也，毋宁死于二三子之手乎？"皆可为证。至春秋而王公之臣几与君子同列（君子初谊本如公子）。至战国而君臣之间义不合则去。此类家国之异，公私之分，皆殷周所不能有也。战国所谓君臣之义，有时即正如殷周时家长与其一家之众之义耳。吾辨五等爵之本由后人拼凑而成，古无此整齐之制，所识虽小，然可借为殷周"家国制"之证，于识当时文化程度，不无可以参考者焉。

中华民国十九年一月写于北平

按，此文主旨，大体想就于六七年前旅居柏林时，后曾以大意匆匆写投顾颉刚先生，为顾先生登于《国立中山大学语言历史学研究所周刊》第十四期。今思之较周，节目自异，然立论所归仍与前同。附记于此，以标同异。

校稿时补记——盂鼎，"隹殷边侯田甸，雩越在殷正百辟，率肆肆于酒，古故丧自师"。曰"边侯"，则其为斥候之意至显，而"边侯"之称尤与markgraf合。

（原载1930年5月《国立中央研究院历史语言研究所集刊》第二本第一分）

《新获卜辞写本后记》跋

民国十八年一月间，董彦堂先生以他手写上石的《新获卜辞写本后记》寄来广州本所。所中同人看了大高兴，以为彦堂这次发掘虽然依旧是继续十七年夏之调查，不居于发掘的本身，然而若干考古学的基本问题，已在这试验的发掘中列出。例如，河道与殷墟的问题，甲骨之地下情形由于冲势，商代历法之设想，卜辞工具之举例，一个字体之"发生式"的演化等，虽说都只是提出来的问题，不是答案，然在这样试验的发掘中正只重在取得问题，持此等之试验以作结论，转是荒唐。殷代刻文虽在国维君手中有那么大的成绩，而对待殷墟之整个，这还算是第一次。于是在广州的几位本所同人，要有所贡献于彦堂。我也感于他的新获卜辞第三五八"代🅇"及第二七七"令周侯"之两块，引起许多感想，写给彦堂一封信，要为这后记写一跋语；而本所北迁，终未得写。中间中央研究院聘李济之先生为本所考古组主任，于十八年春将殷墟开始为系统的发掘，于是在中国境内近代的考古学，藉这工作在本所中由李、董两先生创业。两季工作之结果，已经引起国际学术界的注意，到现在已全不用我来颂赞。惟旧时感于彦堂之后记而想到的两个问题，在心中续有所增展。李、董两位迫我如约写下，于是不得不有下列两段扯二连三的跋。

一　楚之先世

新获卜辞第三五八"戊戌卜又伐🅇"。彦堂说：

> 芈作🅇，当为殷时国名。《史记·楚世家》："陆终生子六人……其长曰昆吾，二曰参胡，三曰彭祖，四曰会人，五曰曹姓，六曰季连。芈姓，楚其后也。"又称"昆吾氏，夏时尝为侯伯。""彭祖氏，殷之时尝为侯伯。""季连生附沮，附沮生穴熊。其后中微，或在中国，或在蛮夷，弗能纪其世。"按昆吾，彭祖之后，尝为夏殷之侯伯，则芈之为姓，当在夏世之前，殷代有芈姓之国，固无足异。惟史传失载，莫可考证耳。

按，此一残片，一经彦堂释定，他是芈字，则古史中若干材料凭借他点活者不少。大凡新获的直接记载，每不能很多的，而遗传的记载，虽杂乱无章，数量却不少。每每旧的材料本是死的，而一加直接所得可信材料之若干点，则登时变成活的。即如《史记·殷本纪》的世系本是死的，乃至《山海经》的王亥，《天问》的恒和季，不特是死的，并且如鬼，如无殷墟文字之出土，和海宁王君之发明，则敢去用这些材料的，是没有清楚头脑的人。然而一经安阳之出土，王君之考释，则《史记》、《山海经》、《天问》及其联类的此一般材料，登时变活了。又如现在古玩铺的及外国博物院的中国真东西，不为不多，此时还是死的，一经科学的发掘，便可因几点确定了之后而变成活的。彦堂这个发见，正是这么一个点活的一点。

记得民国十三年间，我正在柏林住着，见到顾颉刚先生在《努力》上的疑夏禹诸文，发生许多胡思乱想。曾和陈寅恪先生每一礼拜谈论几回，后来也曾略写下些来，回国途上只抄了一半给颉刚。经过两年，颉刚不得我同意，把他在《国立中山大学语言历史学研究所周刊》第二集第十四期（1928年1月31日）印出，其中有一段说（本刊本集第三四叶）：

> 荆楚一带，本另是些民族。荆或者自商以来即是大国，亦或者始受殷封号，后遂自立。楚国话与齐国话必不止方言之不同，不然，何至三年庄岳，然后可知？孟子骂他们鴃舌，必然很和北方的中国话不类。按楚国话存在到现在者，只有谓，乳榖谓虎，"於菟"二词。乳是动词易变动，而虎是静名，尚可资用。查吐蕃（即今西藏）语，谓虎为吐stag，吐蕃语字前之s每在同族语中为元音，是此字容有印度、日耳曼语系的线索，但一字决不能为证耳。又汉西南夷君长称"精夫"，疑即吐蕃语所谓Rgyal-po者。《后汉书·西南夷传》有几首四字诗，汉夷对记，假如有人能精于吐蕃语、太语、缅甸语，当有所发现。这个材料最可宝贵。楚之西有百濮，今西藏人自称曰"濮"。又蛮閩等字音在藏文为人，或即汉语民字之对待。总之，文献不足，无以征之。

　　现在想来，楚之前因后果，还有好些可征的。大致可说：楚之先世实在是一个大民族，曾据河水与淮水流域好些地方，北至当今山西中部，至少也到河东，西至当今四川、湖北、陕西三省之间，即汉水中流之西南方东括济水上游，淮水上下游，直到海边，都有这个大民族的遗迹。历经夏商四代，都曾剪伐他们，结果是不在蛮夷，便在中国为附属小国。到了西周之末，其远在西南的一支以荆楚为号者曾经强大了一次。然而被厉王和召虎打得他又回去，到底不能吞并了中国的"南国"。直至宗周灭亡他然后大得其意，一步一步的剪伐"南国"而北上，若非齐桓晋文，他当继周而为四代了。

　　解明这些话，且分别去说。《郑语》：

　　（桓）公曰：南方不可乎？（史伯）时曰：夫荆子熊严生子四人，伯霜，中雪，叔熊，季纟川。叔熊逃难于濮，而蛮季纟川是立。蓬氏将起之，祸又不克。是天启之心也。又甚聪明和协，盖其先王。巨闻之天之所启，十世不替。夫其子孙必光启土，不可偪也。且重黎之后也。夫黎为高辛氏火正，以淳耀惇大，天明地德，光昭四海，故命之曰祝融，其功大矣。夫成天地之大功者，其子孙未尝不章，虞夏商周是也。虞幕能听协风以成乐物生者也；夏禹，能单平水土，以品处庶类者也；商契，能和合五教以保于百姓者也；周弃，能播殖百谷蔬，以衣食民人者也。其后皆为王公侯伯。祝融亦能昭显天地之光明，以生柔嘉材者也。其后八姓于周未有侯伯。佐制物于前代者，昆吾为夏伯矣，大彭豕韦为商伯矣，当周未有。己姓昆吾，苏，顾，温，董。董姓鬷夷，豢龙，则夏灭之矣。彭姓彭祖，豕韦，诸稽，则商灭之矣。秃姓舟人，则周灭之矣。妘姓邬，郐，路，偪阳；曹姓邹，莒，皆为采卫，或在王室，或在夷翟，莫之数也。而又姓无令闻，必不兴矣。斟姓无后。融之兴者，其在芈乎？

芈姓夔越，不足命也。蛮芈，蛮矣。惟荆实有昭德。若周衰，其必
兴矣。

照这话，则祝融八姓的范围实在大的很。且还不只此，《晋语》
八，（范）宣子曰，"昔匄之祖自虞以上为陶唐氏，在夏为御龙氏，在
商为豕韦氏，在周为唐杜氏，周卑晋继之，为范氏。"然则陶唐氏者，
也是祝融诸姓之一支。今就上列两端合以顾栋高《春秋大事表》，秦嘉
谟《世本辑补》所辑，参校原书，增删以成祝融诸姓表，如下：

国	姓	时代	地望	附记	校订
昆吾	己	在夏末为伯，见《郑语》。	依顾说，今河南许昌；又今河北濮阳东二十五里有昆吾城。《正义》曰："昆吾居此二处，未知谁为先后。"	《诗·商颂》："韦顾既伐，昆吾夏桀。"	参看《左传》昭十二年楚王语。
苏	己	？	当在温邻近，或即近代怀庆府属，盖苏忿生之邑有温（《左传》隐元），知其当不远。	《苏秦列传·索隐》："苏秦，字季子，盖苏忿生之后己姓也。"	周武王司寇苏忿生（见《左传》隐十一年注）或他姓之人就苏地而封者，司马贞以为即己姓，疑误。《国语》："有苏氏之女曰妲己。"此苏为己姓之证。
顾	己	夏时国，见《郑语》。		见昆吾段。	

国	姓	时代	地望	附记	校订
温	己	夏时国，见《郑语》。	据杜注，今温县。		
董	己	夏时国，见《郑语》。		《左传》昭二十九年，蔡墨曰："昔有飂叔安，有裔子曰董父，实甚好龙，能求其耆欲以饮食之。龙多归之，乃扰畜龙以服事帝舜。帝赐之姓曰董，氏曰豢龙，封诸鬷川；鬷夷氏其后也。"《国语·郑语》韦注："董姓，己姓之别受氏为国者。有飂叔安之裔子曰董父，以扰龙服事帝舜，赐姓曰董，氏曰豢龙，封之鬷川。当夏之兴，别封鬷夷，于孔甲前而灭矣。《传》曰，孔甲不能食龙，而未获豢龙氏。刘累学扰龙于豢龙氏，以事孔甲。"	
樊	己		杜曰："一名阳樊，今野王县西南有阳城。"按野王当今沁阳（河内）县。	《郑语》韦昭注："昆吾祝融之孙，陆终第二子，名樊，为己姓，封于昆吾，昆吾卫是也。"	

国	姓	时代	地望	附记	校订
己	己姓之原	早灭	齐国之东南，当今山东寿光等地。		按以己为国之祝融后裔，不见经传，若经传之己（纪）乃姜姓之国。然以姓之由来，本因国邑之名之故，则在姜姓之纪建国之前，必有祝融之己；若昆吾苏顾董樊之姓己，皆由其中出耳。此祝融之己，当时何在，实未能确知，然当去姜纪之邑不远。
畟夷	董	夏时国，见《郑语》。		见董下	
豢龙	董	夏时国。见《郑语》。		见董下	
彭祖	彭	商时国。	彭城，当今江苏铜山（徐州）。	《郑语》韦注："大彭，陆终第三子曰篯，为彭姓。封于大彭，谓之彭祖，彭城是也。豕韦，彭姓之别封于豕韦者。殷衰，二国相继为商伯。"又曰："彭祖，大彭也。豕韦，诸稽，	按，彭祖者疑当释为彭姓之宗邑，他邑则其分支。以彭祖为人，盖后起之说。又此名屡见于殷墟文字，有曰："辛丑卜月贞乎🦬彭。"（卷五，

国	姓	时代	地望	附记	校订
				其后别封也。大彭豕韦为商伯，其后世失道，殷复兴而灭之。"	三十四叶。）以殷王都洹水之理计之，此彭必非彭城，当与韦为近。
诸稽	彭	商时国。见《郑语》。			
舟人	秃	周所灭，见《郑语》。	州，当今河南沁阳（故怀庆首县河内）。		此名不见他处，然以舟与州音同，故或即《左传》隐十一年之州。其文曰："王取邬、刘、荐、邘之田于郑，而予郑人苏忿生之田、温、原、缔、樊、隰、郕、攒、茅、向、盟、州、陉、隤、怀。"此数地名中，邬、温皆为祝融八姓之国，其樊、苏、刘亦与相涉。
鄢	妘	周时采卫，见《郑语》。		《左传》隐二年："郑伯克段于鄢。"	
邹	妘		杜云："河南缑氏县西南有邹聚。"按，缑氏当今偃师县。		按，《国语》宋公序本，邹作鄢，天圣明道本作邹。黄丕烈曰："诗谱及

国	姓	时代	地望	附记	校订
					《史记》注引虞翻及索隐皆作邬。"今仍两存之。
邹	妘		《左传》僖三十三年杜注："故邹国在荥阳密县东北。"	《郑语》韦昭注曰："陆终第四子曰求言，为妘姓，封于邹，今新郑也。"《毛诗》有《桧风》。音义曰，桧者，高辛氏之火正，祝融之后，妘姓之国也。其封域在古豫州外方之北，荥波之南，居溱洧之间。祝融之故墟，是子男之国，后为郑武所并焉。	
路	妘	周时国。			
偪阳	妘	周时国，灭于晋。	《春秋》哀十年，杜曰，偪阳，妘姓，今彭城偪阳县。按今属山东峄县南境。		
鄟	妘	昭十八年郯入之。	《春秋》昭十八年："郯人入鄟。"杜曰："今琅琊开阳县。"按当今山东临沂。	又同年《左传》杜曰："鄟妘姓国。"	
夷	妘		《左传》隐元年："纪人伐夷。"杜曰："夷国在	同年正义曰："《世本》，夷，妘姓。"	

国	姓	时代	地望	附记	校订
			城阳壮武县。"按，当今山东胶县，与即墨县境。		
邾	曹	直至战国初尚存。	邾即邹，今山东邹县峄县境。		按，邾之故国多为鲁夺。孔丘、孟轲皆邹（邾）人，而颜回之颜氏则邾武公后（引见《氏族略》）。
小邾	曹	同前	今山东滕县境。	邾彝器颇有存者，不称周王纪年，字体则近齐器。	
莒	曹	春秋中偶见。	今山东莒县。		据《郑语》，莒为曹姓，然《左传》文七年："穆伯娶于莒，曰戴己，生文伯；娣声己，生惠叔。"《广均》又以为嬴姓。案：《左传》此节颇类刘逢禄所指为敷衍经文者，自当仍从《国语》。若果有己姓者，亦必别是一国。
曹		其灭亡当在周之前。	今山东西南境，正当殷都之东。		按，古籍无记祝融后之曹国者；然以姓之由来本由国邑

国	姓	时代	地望	附记	校订
					之理推之，必郐莒之先有曹国，为祝融之后，特灭亡在周前，史不得而考耳。
夔越	芈		今湖北秭归东境。		《郑语》："芈姓夔越，不足命也。"韦曰："夔越，芈姓之别国。楚熊绎六世孙曰熊挚，有恶疾，楚人废之，立其弟熊延。挚自弃于夔，其子孙有功，王命为夔子。"是韦以夔越为一国之名，未知然否。
芈蛮	芈				韦注谓："蛮芈谓叔熊，在濮从蛮俗。"未知蛮芈是否指此?
荆楚	芈		初居今湖北秭归荆门一带，继向东北发展。		
	斟			《郑语》："斟姓无后。"韦曰："斟灌斟鄩……皆夏同姓，非此也。"	

国	姓	时代	地望	附记	校订
唐		灭于周公，以封叔虞。	据晋国之地望，及《诗·唐风》，当在河东汾水之域。		按，此即陶唐氏之唐。《晋语》八，（范）宣子曰："昔匄之祖自虞以上为陶唐氏，在夏为御龙氏，在商为豕韦氏，在周为唐杜氏，周卑晋继之为范氏。"豕韦御龙之姓，既可知其谁属，则陶唐当亦祝融之族。
唐	祁（据顾）	《左传》宣十二年，唐惠侯为楚军左拒。定五年，楚灭唐。	据顾，唐当今湖北随县。		按，此疑是周灭唐后其支属南奔者。

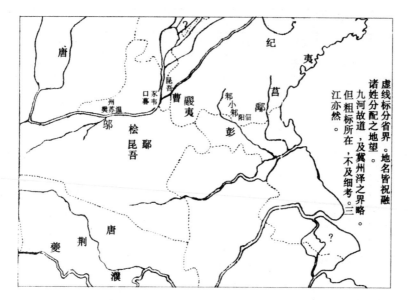

如上列之表更依其地望画成一图，则可见祝融诸族在虞夏商周间的分布，实在洛邑迤东、河南北岸甚宽广之区域，东经许郑（河之南）卫（河之北）各地，逾曹滕诸境，直括淮水之北，凫峄之阳，而抵琅琊东海。又有西北上的一支，在河东汾水区域。更有西南部的一堆，在今湖北境汉水中流。这样分配应如何解释，且待下文说。

又《左传》昭十二，"（楚）王曰，'昔我皇祖伯父昆吾，旧许是宅。今郑人贪赖其田而不我与。'"据此可知楚昆吾之为宗属的关系，在《左传》、《国语》中并非一见。

除上列一堆材料外，尚有《史记·楚世家》所记楚之先世，是极可宝贵的材料。这材料的大体当是从太史公所见之《国语》及《世本》出来的。现在录在下边，并附以校正疏说的话。

楚之先世出自帝颛顼高阳。高阳者，黄帝之孙，昌意之子也。

按，颛顼当为虞夏之祖（虞夏同宗，余别有论）。《国语》四："有虞氏禘黄帝而祖颛顼，夏后氏禘黄帝而祖颛顼。"若楚之宗乃是祝融，《郑语》明标祝融八姓，而以祝融与虞夏商周为对，明其并非一族。《离骚》曰，"帝高阳之苗裔兮"，此高阳之帝，当是祝融。帝而曰阳，阳而曰高，与火正之义正合。又按，虞夏之盛，南方民族必受其文物之影响，则初谓虞夏之祖与自己之祖有若何关系，《楚语》"颛顼受之，乃命南正重司天以属神，命火正黎司地以属民"正其例。然此但指官守而已，后来更有大一统之论者，以为有如何血统之关系。尤后更错乱其名号，于是高阳乃成颛顼。高阳成颛顼之说，只见于《史记》，不见于《左传》、《国语》。《左传》、《国语》所纪，则颛顼自颛顼，祝融自祝融。祝融为芈等八姓之祖，颛顼为虞夏之祖。《国语》虽已有黄帝十二姓之说，然"泛祖宗之黄帝"论，犹未畅然发达，且高阳之帝号犹未见。

高阳生称，称生卷章，卷章生重黎。重黎为帝喾高辛居火正，甚有功能，光融天下，帝喾命曰祝融。

按，此说与《国语》不合，应从《国语》，以《国语》远在大戴帝系及史记之前。重黎二人，而《史记》以为一人。如《史记》说，重黎乃颛顼之曾孙，即使传世甚速，亦焉能及身使其曾孙司天司地？又按：此所谓光融天下，已暗示其为拜火拜日之教。盖祝融正可译为司火。重黎两族，盖南方之拜火教也。

共工氏作乱，帝喾使重黎诛之，而不尽。帝乃以庚寅日诛重黎，而以其弟吴回为重黎后，复居火正为祝融。

续表

按，帝喾为商之宗帝，所谓帝喾诛重黎者，无异商之先世曾与祝融之族征战而杀其王，或其族已巨服于商，而商以不适意而杀之。

又按《离骚》，"惟庚寅吾以降"，据此可知庚寅者，楚俗之重日。

吴回生陆终，陆终生子六人，圻剖而产焉。其长一曰昆吾，二曰参胡，三曰彭祖，四曰会人，五曰曹姓，六曰季连，芈姓，楚其后也。

按，会人，应即《国语》之郐，参胡不知当《国语》中何名，音则与苏顾为近。

昆吾氏夏之时尝为侯伯，桀之时汤灭之。彭祖氏尝为侯伯，殷之末世灭彭祖氏。

按，此与《国语》合。

季连生附沮，附沮生穴熊。其后中微，或在中国，或在蛮夷，弗能纪其世。

按，此处若无新获卜辞"卜伐芈"之语，则楚与中国诸祝融后之关系，终在惝怳迷离之间。

周文王之时，季连之苗裔曰鬻熊。鬻熊子事文王，蚤卒。

按，此即下文所谓"吾先鬻熊文王之师也"。既曰早卒，焉得

续表

子事文王？必楚人夸大之语。

其子曰熊丽，熊丽生熊狂，熊狂生熊绎。熊绎当周成王之时，举文武勤劳之后嗣，而封熊绎于楚蛮。封以子男之田，姓芈氏，居丹阳。楚子熊绎与鲁公伯禽，卫康叔子牟，晋侯燮，齐太公子吕伋，俱事成王。

　　按，此本之《左传》昭十二楚灵王语，亦高攀之词，至多半之一部落为荆楚之先者，曾受周封朝贡，或在周人势力不及之地，开拓疆土，周人羁縻之而已。

熊绎生熊艾，熊艾生熊䵣。熊䵣生熊胜。熊胜以弟熊杨为后。

　　按，楚之诸公诸王，兄终弟及时甚多，特每由争杀得之。《左传》文元年，"楚国之举恒在少者"，盖其宗法并非传长。此亦近于殷远于周者。

熊杨生熊渠，熊渠生子三人。当周夷王之时，王室微，诸侯或不朝，相伐。熊渠甚得江汉间民和，乃兴兵伐庸。

　　按，杜预以庸当上庸县，即今湖北竹山县（故郧阳属）地。

杨粤至于鄂。

　　按，《史记集解》引《九州记》曰："鄂今武昌。"

熊渠曰，"我蛮夷也，不与中国之号谥"，乃立其长子康为句亶王。

续表

  按，《集解》引张莹曰，"今江陵。"

中子红为鄂王。

  按，彝器中有鄂侯驭方鼎，记王南征经鄂事，不知是即此之鄂否？《集解》引《九州记》曰，"今武昌。"

少子执疵为越章王。

  按，越章疑即后来之豫章。

皆在江上楚蛮之地。及周厉王之时，暴虐，熊渠畏其伐楚，亦去其王。

  按，熊渠时楚曾一次强大，旋以厉宣南征而不逞。《诗》所谓"蠢尔蛮荆，大邦为仇"者，当即指其称王略地事；所谓"荆蛮来威"者，当即指其去王号事。《史记》此节实与《诗经》所记者绝相应。

后为熊毋康，毋康早死。熊渠卒，子熊挚红立。挚红卒，其弟弑而代立，曰熊延。

  按，《索隐》引谯周曰，"熊渠卒，子熊翔立。卒，长子挚有疾，少子熊延立。"当是据其所见之《世本》。

熊延生熊勇，熊勇六年而周人作乱，攻厉王。厉王出奔彘。熊勇十年卒，弟熊延为后。熊延十年卒，有子四人，长子伯霜，中子仲雪，次子叔堪，少子季徇。延卒，长子伯霜代立，是为熊霜。熊霜元年，周宣王初立。熊霜六年卒，三弟争立。仲雪死，叔堪亡避难于濮，而少弟季徇立，是为熊徇。

> 按，熊渠死后，至熊徇，楚有内乱，故周幽平间，宗周虽乱，未闻楚师北上。

> 熊徇十六年，郑桓公初封于郑。二十二年，熊徇卒，子熊咢立。熊咢九年卒，子熊仪立，是为若敖。若敖二十年，周幽王为犬戎所弑，周东徙，而秦襄公始列为诸侯。二十七年，若敖卒，子熊坎立，是为霄敖。霄敖六年卒，子熊眴立，是为蚡冒。蚡冒十三年，晋始乱，以曲沃之故。蚡冒十七年卒，蚡冒弟熊通，弑蚡冒子而代立，是为楚武王。

> 按，楚当仅是熊渠之一支，承若敖蚡冒之一线者。东周之初，方始强大。

据以上两种材料，我们可以推求祝融后裔，直至荆楚之大纲节目。惟在推求之前，有一事须先决者，即《国语》、《世本》、《史记》之材料，如何可据。此题若未得回答，则以下的议论皆无着落。按：《左传》一书，原不是《春秋》之传，而大体是经《国语》中抓出来，附会上些书法以成的，在今日除古文专守经学家以外，已成定论。若其中记载古代族姓国家的分合，至多也不过很少的一部分是汉时羼入的。现在若把《左传》、《国语》中这些材料抄出，则显然可以看出有两类，大多的一类是记载族姓国别的，例如上文所引《郑语》中的一节；甚少的几段记古帝之亲属关系，例如黄帝子廿五宗，受姓十四人之类。上一类是记载民族国姓之分别，乃是些绝好的古史材料，下一类当是已经受大

一统观念之影响，强为一切古姓古帝（古帝即每一民族之宗神tribal gods
说另详）造一个亲属的关系。此种人类同源的观念，虽于发展到秦汉大
一统的局势上有甚多助力，但是混乱古史的力量也非常利害的。我们如
果略去这些，则《国语》、《左传》中记载古代民族的说话，实是些最
好的材料了。这个标准既定，然后我们可以去用《左传》、《国语》中
的古史料。至于《史记》所记的世系，本是依据《世本》的。《世本》
一部书已佚，现在只有几种辑本。我们据这几部辑本和《史记》，知道
这部书实是绝重要的书，不幸亡佚了。《世本》大体可靠与否，虽不
能全部证明，然可借其一部分证其全书非由妄作。《殷本纪》所载之
世系，虽有小误，然皆由文字传写而生，不由虚造。既不妄于《殷本
纪》，何至妄于《楚世家》？所以我们现在对于《楚世家》所记，正没
有理由不凭借他。

　　这个先决的问题既经讨论，我们可以分析楚先世在大体上曾有几个
段落了。

　　唐虞三代之观念，实甚后起来。在《左传》、《国语》中只有虞
夏商周的一个系统。即至甚后的文词如《史记》，所记伯夷饿死时之
歌，也只是说"神农虞夏忽焉没兮"，直以虞夏接神农，无所谓唐。在
《左传》、《国语》中这个情形更明显。《晋语》八，范宣子曰，"昔
匄之祖自虞以上为陶唐氏，在夏为御龙氏，在商为豕韦氏，在周为唐杜
氏"。此明明白白以陶唐为在虞之先，至不以陶唐列入虞夏商周之统。
然而陶唐是祝融之姓，这是我们很可注意的一点。又，虞夏商周四代的
观念，只可说是周代人的观念，或可说西土（包括河南西部山西之河东
及陕西）人的观念。若东土人则如《左传》所记各东夷之传说，并不如
此，当是大皞，少皞，殷，一个系统。东土人之未尝看重虞夏（若禹之
宗教，另有别论），又可以《诗·商颂》为证。"韦顾既伐，昆吾夏
桀"，是直以韦顾昆吾夏为列国。而西方之系统中，亦无风姓之太皞有

续表

济（齐），任姓之少皞。这个情形，大致如下表：

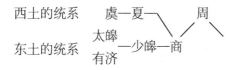

这个情形，在《左传》、《国语》里颇明显的。若说到详细，非写一本书不可，现在只好从略了。

在这东西两个系统之先，东西两地中至少有很广的一部分是被祝融的宗姓占领的。或者竟是大多的一部。祝融之本土，即所谓"祝融之虚"者，郑玄诗谱以为在桧。照地望说，正在中央，似乎可信。陶唐氏既在有虞之先，而祝融八姓之内许多是古国。所谓昆吾为夏伯者，无异说，在夏时昆吾曾为一个强大国，与夏为敌。所谓大彭豕韦为商伯者，无异说，在商时大彭豕韦为强大国，与商为敌。果然，"董姓鬷夷豢龙，则夏灭之矣彭姓彭祖豕韦，则商灭之矣"。又庶人称黎民，秦俗如此称者尤多。黎之一词，盖即重黎之谓。中原之下层人为黎族，则黎族必在早年据中原。凡此种种皆证明西土之夏，东土之殷，皆继祝融诸姓而强大，在夏殷未作之前，据东土西土者，必以祝融诸姓为最强大。然则楚之先世"景员维河"，实中原之旧族，经三代而南迁，非历熊渠若敖蚡冒而始北上。

那么，我们要插进一个问题了。祝融诸姓本在中原时是何等的文化？他们所有的是何样的一个生活？根据现在的材料，我们不能解答这个话，但下列的提示颇可论定。曰，"祝融亦能昭显天地之光明，以生柔嘉材者也"，可知他们是林中的生活。鬷夷豢龙豕韦诸国或在其有土之时，或在其亡国之后，都以饲龙为事业，翻译成现代的话，都是玩鳄鱼的，仿佛像印度的玩蛇的，则他们必是在泽隰中过日子了。又，"命南正重司天以属神，火正黎司地以属民"，则神道为拜火之教，族类为来自南方之人，亦甚明白。且"祝融亦能昭显天地之光明"，非日光神而何？把这些话括起来，正可以说，以祝融为宗神宗祖之诸姓，虽在夏商起来之前占据中原，但毕竟是和南方有牵连的民族，曾在中原过其林隰生活（Jungle Life）。或者黄河流域林木之斩伐，天气之渐趋干燥，正是使他们折而南退的大原因，不仅是夏商的压迫而已（按夏之遗迹，虽在中原之西部，而其来源亦若自南方者。此处不及详论）。

历夏商两代，祝融诸姓被新兴大国所驱除，已如上文所说。而凭彦堂之发见，更可见殷与羋姓必常在相斫中。甲文虽只发见此一片，然事实必不只此一次。到殷商之亡，更有力气的周民族进来，尤其把倒运的祝融后代驱除了一阵，有《逸周书》为证（按，《逸周书》各篇之可靠虽不同，《作雒解》乃其中最可靠者）。

> （《周书·作雒解》）周公立，相天子。三叔，及殷，东，徐，奄，及熊，盈，以略。周公召公内弭父兄，外抚诸侯。元年夏六月，葬武王于毕。二年，又作师旅临卫，政殷。殷大震溃降。辟三叔，王子禄父北奔，管叔经而卒，乃囚蔡叔于郭凌。凡所征熊盈族十有七国。俘维九邑，俘殷献民，迁于九毕。
>
> （《吕氏春秋·古乐》）成王立，殷民反，王命周公践伐之。商人服象，为虐于东夷，周公遂以师逐之，至于江南，乃为三象以嘉其德。
>
> （《史记·鲁世家》）管蔡武庚等果率淮夷而反，周会乃奉成王命兴师东伐，作《大诰》。遂诛管叔，杀武庚，放蔡叔，收殷余民，以封康叔于卫，封微子于宋，以奉殷祀，宁淮夷东土。

以上三节是相合的。《作雒解》之所谓熊盈，即在《吕览》所谓东夷之内，亦即在《史记》所谓淮夷之内。盈即赢，徐之宗姓。秦赵的宗姓嬴，是因为后来被周人封建在西土的。（按秦赵嬴姓之来自徐方，《史记》所载甚明白。盖秦之人民固可为来源自西者，而秦之公姓则来源自东。今西洋人每谓秦族来自西，以黎民及黔首等辞为证，不知黎民本黎族，正是祝融之族，初普布于中原，后乃居民众之下层。若黔首者，则传记犹云，"黔其首以为城旦"，指服饰言，非谓发色。甚矣其妄也！）熊自然是楚先世之姓了。可见殷周之际，熊姓在东南，曾被人列在淮夷东夷中，更可见熊氏曾为殷商亡国而奋斗。这必是已在殷室宗盟中列于异姓之班了。楚之似殷不一端，姑举数例：一、宗法之同。即所谓传弟，亦即所谓"楚国之举，恒在少者"。二、官名之词，阿衡称伊尹，楚之执政者亦曰令尹（按伊尹应为汤之血属，不然，宗祀何以有伊尹，屡见殷墟卜辞。楚之令尹亦概由王之亲属为之）。三、舞之相同。按，万舞所布之地在商在楚，他无所闻。《诗·商颂·那》："奏鼓简简，衎我烈祖。……庸鼓有斁，万舞有奕。"又，《邶风·简兮》："简兮简兮，方将万舞。"邶鄘卫风固皆商地之旧。《左传》庄廿八年，"楚令尹子文欲蛊文夫人，为馆于其侧，而振万焉"。四、《离骚》已是甚后之作，而其中所用故典，殷事最多。彭咸，飞廉，有娀，伊挚，傅说，武丁。周为后王，事迹粲然，所用反甚少。这正可看出楚国文化所自来之系统来。彦堂的一块甲文，正可证明殷与楚祖之芈，"代相干也"。

大约宗周盛时，是祝融诸姓最倒运的时候。不特在中国的"熟祝融"因周室封建而割宰的剩下不多，即在南方的"生祝融"，亦因周室之开辟南国而大受压迫，然而周朝虽在方盛的时候也未能在南方大逞。昭王南征不复，究竟是谁做的把戏，现在虽不能考定，然齐桓以此责楚，楚请他"问诸水滨"，看来当是楚之同宗在江上者做的了。到夷厉的时代，芈之一支熊渠曾大拓土一次，封了许多的王，《史记》所载与《诗经》所记虢季子白盘所记相应。彼时荆楚必是接续着南淮夷为南方的大患。这患之大，俨然与猃狁之患为对。周室对于这个南方的大患，曾经很用了几下子力气。对付淮患最费力气，因为淮入取个攻势，周王曾命录"以成周师氏师戍于**𤇾**自"（《陶斋吉金录》卷二第三十九叶）。《诗·大小雅》所记，关于徐淮者也较多。所说到荆的，只"蠢尔蛮荆，大邦为仇"，"征伐猃狁，荆蛮来威"。但所记召虎定江汉，申伯宅南国等，都应该与伐荆当做一件事看。熊渠当是夷厉时代的人，《史记》所载既这样，而《大雅》中有关各篇，若比较其年代来，也这样（说详拙著《大雅的时代》一文，尚未刊）。在熊渠先拓土后去王号的一番经过之后，周室曾以召伯虎的领导，大大的开辟江汉。这事以后，熊渠之嗣有几番内乱，如《史记》所说，不然，何以不乘宗周之乱北上呢？然而其中毕竟有一支经若敖蚡冒而开了些山林地方，到熊通便利害的不得了，俨然要窥周室了（这一节里所说，见拙著《周颂说》，本所集刊第一本第一分第九五叶。又见友人丁山著《召伯虎传》，集刊第二本第一分第九十一叶）。

熊渠去王号以后，熊通复王号以前，颇有几件铜器存到现在。楚公**𤇾**钟三器，吴孙诸氏均释为为字，形固是，然《史记·楚世系》无以为名者，按其时代必在熊渠之后。盖熊渠以前，犹称荆，《诗》可证；春秋改荆用楚，在僖公元年。秦晋则始终称之曰荆，直到战国末，《韩非子》诸书犹然。大约荆用楚号必北上得楚麓之地然后如此。楚麓之名见于《诗》，所谓"周公奔楚"，"王在楚"，当指此成周以南大山中之区域。然此代亦必不在熊通之后，盖熊通又已用王号了。自熊渠后至熊通前之数代，假定《史记》所载并无遗漏，则眴或即**𤇾**之形误；**匕**可误作目或口。（眴，《索隐》引《玉篇》作晌）**宀**可误作勹。若然，则为即蚡冒。然此不过是一个随便的假说。至楚公夜雨钟则可较详的推测。他的铭文实是翻转了的（吾友丁山说）。我觉得中间的几个文字不与铭相干，或是记乐律者，𤕠为逆字，前人之释可信，但孙王诸氏均谓即《史记》之熊咢，则似少依据。《说文》虽云𤕠从吅屰，屰亦声，但金文咢字皆作噩，咢侯驭方鼎，咢侯散，师咢父鼎，叔咢父散，皆从双吅及爪，绝无从屰者。按：挚红弟曰熊延，弑而代立。延字在金文作屰（吕屰丁未角，屰师遽敦）诸形，逆字易于讹成之。惟无论逆字当何世，这几个钟必皆熊渠后熊通前差及百年间物，则无可疑。这个时候，楚之制作，如此粗犷，比起同时中国制作，如虢季子白盘来，真有天上人间之别，似乎不像曾染中国文化很长久的。但，我们须知，祝融之宗，本分了很多族类，以地望的不同自有生熟之别。中原的祝融子遗，当是夷为仆隶附庸者多，能远遁者少。荆楚之兴，固当是生祝融，不当是由中原遁去的族姓之恢复。犹之女真两次进到中国皆是生人进来，不是自中国退出的重回来。进来后过些时便全是中国人了。而今黑龙江吉林东境犹存些非汉化的女真。又中国简牍之用，自唐而绝，然女真部落保持到满清入关时，正其适例。

　　自楚武王以下的三世，是与中国争"南国"的。实在是中夏文化之最胜处，自楚有"南国"，然后又有了正统文化，说详见我所作《周颂说》（引见前），现在不再论。

　　以上所陈说，差可以表显祝融诸姓在历代之起落。彦堂找到殷商与荆楚之宗国芈有关系之一片，恰恰补到古代流传下来的材料之最缺乏处。这是何等畅快的事！

二　殷周之关系

　　殷周的关系，如依传统的说法是不给我们任何理解的。如我们相信古代的历史犹之后代的历史，不是异国相并，便是异姓相续，则古代一切朝代的代嬗，也富同样的不出下列几个公式：

一、纯粹的外国代兴，如女真，蒙古等外国之于宋。

二、已经有若干中国化的外国，如拓跋之代，河西之夏，努尔哈赤之后金。

三、纯粹汉化了的虏姓，如刘渊之汉，苻坚之秦。

四、中国的一个部落或区域，如秦之于六国，赵宋之于南唐等。隋之对陈也这样，虽然隋所自承的是个虏朝。

那么殷周的关系是上列的哪一类呢？

以第一项的关系断为殷周的关系者，只有《诗经·鲁颂》"实维大王"，"实始翦商"，两句话。周是到太王时才立国的，而立国的朝代便翦商，岂不是与商无干吗？顾颉刚先生便颇相信殷周之不相干。但鲁人是周的子孙，周的子孙难免为他自己的祖宗夸大，所以这话还是不甚有力的证据。今有彦堂的"命周侯"一段甲片，这个可能完全消灭了。

第四项的可能也不大成问题，因为《诗》、《书》上明明白白说出他们种姓、地理、建置，各项差别的。

那么，殷周的关系非二即三。其实这两件也只是程度的不同而已。

据《诗经》所载，周之种姓最与姜姓为近。古公亶父本来是个穷鬼，住在土穴里，而一旦为姓姜的拿去做赘婿，便筑起房屋来，筑起大门来，有工头（司空），有管账的（司徒）了（见《诗·大雅·绵》）。那么，我们因此不免有一问题，即周之姬姓是否为姜之一支。这话看来很像是的，因为周人自称他的始祖总是姜嫄。但也有很有力的反此说的记载。《国语》十："黄帝以姬水成，炎帝以姜水成。成而异德。故黄帝为姬，炎帝为姜。二帝用师以相济也，异德之故也。异姓则异德，异德则异类。异类虽近，男女相及，以生民也。同姓则同德，同德则同心，同心则同志。同志虽远，男女不相及，畏黩敬也。"又《国语》十六："姜姓，荆芈，实与诸姬代相干也。姜，伯夷之后也。嬴，伯翳之后也。"有这样的反证据，所以我们不能但凭姜嫄一个名词，断定周的种姓。那么，我们还是看看据《世本》的《史记》怎样说。《史记》所据的《世本》，对殷之先世既已证明不说谎话，则对周之先世所谓后王更粲然者，当不去说谎话。若小的误谬，也当是不能免的。

周后稷，名弃。其母有邰氏女，曰姜原。姜原为帝喾元妃（说见后）。姜原出野，见巨人迹，心忻然说，欲践之。践之而身动如孕者。居期而生子，以为不祥。弃之隘巷，马牛过者皆辟不践；徙置之林中，适会山林多人，迁之；而弃梁中冰上，飞鸟以其翼覆荐之。姜原以为神，遂收养长之。初欲弃之，因名曰弃。弃为儿时，屹如巨人之志。其游戏好种树麻菽，麻菽美。及为成人，遂好耕农。相地之宜，宜谷者稼穑焉。民皆法则之（以上大致是翻译《大雅》所记者）。帝尧闻之，举弃为农师，天下得其利，有功。帝舜曰，"弃，黎民始饥。尔后稷播时百谷。"（以上是春秋战国贯通各姓说者之论）封弃于邰（此语与"其母有邰氏女"一语或矛盾），号曰后稷，别姓姬氏。后稷之兴，在陶唐虞夏之际，皆有令德。后稷卒，子不窋立。不窋末年，夏后氏政衰，去稷不务。不窋以失其官，而奔戎狄之间。不窋卒，子鞠立。鞠卒，子公刘立（公刘始称公，盖始立部落，其前更微）。公刘虽在戎狄之间，复修后稷之业，务耕种，行地宜，自漆沮渡渭取材，用行者有资，居者有畜积。民赖其庆，百姓怀之，多徙而保归焉。周道之兴自此始。故诗人歌乐思其德（公刘事亦自《诗·大雅》翻译来）。公刘卒，子庆节国于豳。庆节卒，子皇仆立。皇仆卒，子差弗立。差弗卒，子毁隃立。毁隃卒，子公非立。公非卒，子高圉立。高圉卒，子亚圉立（此必父子皆名圉而后以高亚别之，犹太丁少丁也）。亚圉卒，子公叔祖类立。公叔祖类卒，子古公亶父立。古公亶父复修后稷公刘之业。积德行义，国人皆戴之。薰育戎狄攻之，欲得财物，予之，已复攻，欲得地与民。民皆怒，欲战。古公曰，有民立君，将以利之。今戎狄所为攻战，以吾地与民。民之在我与在彼何异？民欲以我故战，杀人父子而君之，予不忍为。乃与私属遂去豳，度漆沮，逾梁山，止于岐下。（以上并见《孟子》）

　　照《史记》说，周之先世事迹较多者有三代：一、后稷是帝后姜嫄所生之子；二、公刘；三、古公亶父。中间都是些不大重要的。这话和《诗经》正合。中间的那些名字里面，自公刘以下至亶父，有九世，而三世称公。而皇仆，差弗，公非，三世之仆，弗，非，皆似一音之转。仆之一音，固吐蕃语中男子之号。我们固不能凭着这个，断定他的种族是当和现在所谓印度支那语系者一类，犹之乎不能依据羌姜同字，而羌中之部落有吐蕃族，以断定姜姓也是印度支那族类，一个样。不过，《诗经》、《史记》所载周先世的地名人名，多是单音词，大约总当是说一种印度支那语的人了。

　　为讨论的方便，且倒着去说，先谈古公亶父。古公亶父之古，是个形容词，大约由于国人爱之，而称他曰古公。这恰如普鲁士人称伏里迭里二世为Alter Fritz一样。假如我们认定《诗经》的话和《孟子》不矛盾，则此公必是先被薰鬻赶到渭水南岸，到那里做了姜家的赘婿，反而发达起来的。假如我们觉得《诗经·绵》篇开头几句话，"绵绵瓜瓞，民之初生。自土沮漆，古公亶父，陶复陶穴，未有家室"。是说古公生来并未有土地人民，只是一个穷光棍，则《孟子》的话，又是战国人的谣言。惟无论如何，太王时代总只是草创经营的地步，只做到"虞芮质厥成"，实谈不到翦商，因为远在西极的密阮共诸国还是文王开始翦伐的呢。翦商一说也不过是他的后人夸词罢。太王、王季、文王必是一个极端接受殷商文化的时代。凡是一个野蛮民族，一经感觉到某种文化高明，他们奔赶的力量，远比原有这文化的人猛得多。这是一个公例。王季、文王、武王的强烈殷商化，并用一个最有效的法子，就是讨殷商或殷商治下诸侯的女儿做老婆。这是野蛮人整个接受文明人的文化系统的大道。后代的历史证明这个事实很清楚。譬如唐宗女文成公主下嫁吐蕃弃宗弄赞一事，文成公主未必即是一个怎样有才的人，然而挟着她宗国文化的背景，"明驼千里"到吐蕃，便在吐蕃种下一个汉化的强种子，至今在西藏人的国民宗教中，文成公主占一个极重要的位置。又如回纥，历世受唐婚，结果是唐化得无对，虽佛教的经典还要用汉文译本为正，而又带着唐化向西方流布（参看A.Von Le Cog诸书）。又如看现在的留学生，一经讨到一个外国老婆，便"琵琶鲜卑语"不觉其可耻。比喻少说，言归正传，《诗经》上记这三代的姻事说：

王季一代　"挚仲氏任，自彼殷商。来嫁于周，曰嫔于京。乃及王季，维德之行。大任有身，生此文王。"（《大明》）这样看来，文王正是殷商旁门的外甥，必是大殷化而特殷化的，这必然即是"文王之所以为文也"。

文王二代　"文王初载，天作之合。在洽之阳，在渭之涘。文王嘉止，大邦有子。大邦有子，伣天之妹。文定厥祥，亲迎于渭，造舟为梁。不显其光，有命自天。命此文王，于周于京。"（《大明》）关于这一段的解释，最可喜且可信的，为顾颉刚先生的话：他以为这是帝乙归妹的故事，天之妹即是帝乙之妹。说详他所著《周易卦爻辞中的故事》。载在《燕京学报》第六期，文长不转录。

然而文王又续了一个有莘氏女。《诗》同篇接着说："缵女维莘，长子维行，笃生武王。"（这也是顾颉刚先生说，见同文。）莘也是东方的诸侯，就地望看，仍然是在殷"邦畿千里"之内（今莘县在山东省西境，去河南省安阳一带至近）。或者即是"天之妹"之媵罢？

武王三代　武王虽然用不着再讨殷商的女子做妻，然他的生母、嫡母、祖母一直是由殷商出的，则他在种类上先有四分三是东方人。至于"母教"，便等于殷化，是不消说的了。武王的事业在灭舅的国家。楚文王也有这样德行。创业之君，总是先自近的吞并起呀。

这样子的从根基上受殷化，结果便是整个的承认了殷商的文化正统。所以周虽把殷灭了，还说，"殷之未丧师，克配上帝"。还追述文王娶殷女事说，"大邦有子，伣天之妹。文定厥祥，亲迎于渭。造舟为梁，不显其光。"（此亦从颉刚说）还以殷人来朝为荣，说，"侯服于周，天命靡常。殷士肤敏，裸将于京"。

在这样的受殷化中，最重要的一件事，是竟自把殷人的祖宗也认成自己的祖宗了。周人认娘舅的祖宗本有显例，如，"厥初生民，时维姜嫄"，这是认了大王的老婆的祖宗。至于认商的始祖，尤其是中国人宗教信仰之进化上一个大关键。这话说来好像奇怪，但看其中的情形，当知此说容许不误的。

初民的帝天，总是带个部落性的。《旧约》的耶和华，本是一个犹太部落的宗神。从这宗神（tribal god）演进成圣约翰福音中的上帝，真正费了好多的事，决不是一蹴而成的。商代的帝必是个宗族性的，这可以历来传说商禘喾为直证，并可以商之宗祀系统为旁证。周朝的上帝依然还和人一样，有爱眷，有暴怒（见《诗·皇矣》），然而已经不是活灵活现的嫡亲祖宗，不过是践迹而生。且将商周的不同观念一作比较：

商　"有娀方将，帝立子生商。"这是说，商为帝之子，即契为喾之子。

周　"履帝武敏歆。攸介攸止，载震载夙，载生载育，时维后

稷。诞弥厥月，先生如达。不坼不副，无菑无害，以赫厥灵。上帝
不宁，不康禋祀，居然生子。"这是说，稷为姜嫄之子，而与帝之
关系是较微弱的。

这样看来，虽然殷周的上帝都与宗姓有关系，然而周的上帝，确是
从东方搬到西土的，也有诗为证。

皇矣上帝，临下有赫。监观四方，求民之莫。维此二国，其政
不获。维彼四国，爰究爰度。上帝耆之，憎其式廓。乃眷西顾，此
维与宅。

把这话翻译成较不古的话，大致便是：

大哉上帝，赫然看着四方。监察四方的国家，求知道人民的疾
苦。把这两国看，看得政治是不对的。把那四方之国再都一看，看
来看去，考量了又考量，上帝觉得他们那样子真讨厌。于是转来西
看（看中了意），便住在这里了。

这个上帝虽在周住下（"此维与宅"），然而是从东方来的（二
国，《毛传》以为殷夏，当不误）。这话已经明说周人之帝是借自东土
的了。进一步问，这个上帝有姓有名不呢？曰，有，便是帝喾。何以证
之？曰，第一层，"履帝武敏歆"，《毛传》曰，"帝，高辛氏之帝
也"。因为我们不能尽信毛传，这话还不算一个确证。第二层，《鲁
语》上，"商人禘喾而祖契，郊冥而宗汤。周人禘喾而郊稷，祖文王而
宗武王。……上甲微，能帅契者也，商人报焉。高圉，大王，能帅稷者
也，周人报焉。"这句话着实奇怪，岂不是殷周同祖吗？然殷周同祖之

说，全不可信，因其除禘帝喾以外，全无同处。且周人斥殷，动曰戎商戎殷（说详下），其不同族更可知。然《鲁语》这一段话，又一定是全可靠，因为所说既与一切记载合，而商之禘喾，上甲之受报祭，皆完全由殷虚卜辞证明之。一个全套而单元的东西，其中一部分既确切不移，则其他部分也应可信。那么，这个矛盾的现象如何解释呢？惟一的可能，是以不与此两个都可信的事实矛盾者，即是商人的上帝是帝喾，周人向商人借了帝喾为他们的上帝，所以虽种族不同，至所禘者则一。帝者，即所禘者之号而已。第三层，《世本》、《史记》各书皆以为殷周同祖帝喾。这个佐证若无《左传》、《国语》中的明确的记载，我们总是不相信的。但一有《国语》中那个已有若干部分直接证明了的记载，而我们又可以为这记载作一不矛盾的解释，则《世本》、《史记》的旁证，也可引以张军了。

禘帝是一个字，殷虚文字彝器刻词皆这样。帝郊祖宗报五者，人名，礼名，皆同字，所在地或亦然。帝之礼曰帝（禘），帝（禘）时所享之神为帝。祀土之礼曰土（社），祀土之所在曰土（社），所祀人亦曰土，即相土（说详后）。殷之宗教，据今人研究卜辞所得者统计之，除去若干自然现象崇拜以外，完全是一个祖先教，而在这祖先教的全神堂Pantheon中，总该有一个加于一切之上的。这一个加于一切之上的，总不免有些超于宗族的意义。所以由宗神的帝喾，变为全民的上帝，在殷商时代当已有相当的发展，而这上帝失去宗神性最好的机会，是在民族变迁中。乙民族□用了甲民族的上帝，必不承认这上帝只是甲民族的上帝。周诰周诗是专好讲上帝三心二意的，先为（去声下同）夏，后来为殷，现在又为周了。这样的上帝自然要抽象，然而毕竟周诗的作者，不是约翰福音的作者，或圣奥古斯丁，还只是说上帝是"谆谆然命之"的（例见《绵》篇）。

周人抄袭殷人的全神堂时，不特借用了一个头子，并且用自己的材料仿造了第二把交椅，在殷是相土，即所谓"亳社"之神，在周是后稷。我们先看相土是什么。王静安《戬寿堂殷墟文字考释》第一叶，"其袞于土，"王云：

> 土，殷先公相土也。卜辞纪祀土者，或曰，"贞袞于土，三小牢，卯一牛。"又曰，"贞于土米。"又曰，"贞米年于土，九牛。"又曰，"贞夂袞于土。"并此书一事而六。土字作凸者，下一象地，上〇象土壤也。盂鼎"受民受疆土"之土，作土，此作凸者，卜辞用刀锲，不能作肥笔，故空其中作凸，犹夨之作夨，●之作凵矣。知土为相土者，《诗·商颂》、《春秋左氏传》，《世本》、《史记》诸书，皆连言相土，而《荀子·解蔽篇》云，"乘杜作乘马"。杨倞注曰，"《世本》云，'相土作乘马'，杜与土同，以其作乘马之法，故谓之乘杜。"是乘本非名，相土可单称土，又假用杜也。然则卜辞之土，当即相土。囊以卜辞有𤰫凸字，即邦社，假土为社，疑诸土字，皆社之假借。后观卜辞中殷之先公有季，有王亥，有王恒，又自上甲至于主癸，无一不见于卜辞，则此土当为相土而非社矣。

按，王君认此文为相土之土，固为最胜之义，惟谓为非社，则实误。此文固为相土之土，亦为𤰫凸（邦社）之社，邦社土实即一事。土字之即社字，社字即土字，在经典中甚明显；如后土即社一类之例，正不烦遍举。相传社始于祀共工氏之子句龙曰后土者，稷始于祀烈山氏之子柱者，经三代之交替，祀礼存而所祀者因代而异，一若社稷是两事者。然社稷之称，在《左传》、《国语》、《论语》等早年可靠之书中（《左传》之云"可靠"者，指其不关书法之材料而言。）或单称社，或称社稷，从来不单言稷祀。且社之以国分，其义甚显，因为社本是邦土之主祀。若稷之分国，则颇不可解。且水土百谷实全是相因者，即令有不同之神，其祀礼当为一事。《鲁语》上，"庄公如齐观社。曹刿谏曰：'不可。……夫齐弃太公之法，而观民于社。君为是举而往观之，非故业也。何以训民？土发而社，助时也。收捃而蒸，纳要也。今齐社而往观旅，非先王之训也。'"据此可见社稷之关系，可见稷田之礼即行于社，是则社稷之祀本是一事。《孟子》，"牺牲既成，粢盛既洁，祭祀以时，然而旱乾水溢，则变置社稷。"此犹是近古之说，明社稷为一事。殷墟卜辞中历历言祀土，而不言祀稷，周诗历历言祀稷，而不言祀土，明其相同，明其不妨并列。又按，时《商颂》，"相土烈烈，海外有截。"此亦类于平水土之意。《周官·校人》："秋祭马社。"郑注曰："马社，始乘马者。《世本》曰：'相土作乘马。'"马社虽不可谓即是社，然既曰社，而郑君复以相土之故事引入，或者可见相土与社有如何之关系。且有一事至可注意者，即殷人祭其先世，自上甲至于多后为一系，而以上诸世与之绝不同。用一切卜辞之统计而作结论，现在尚不可能，此须待至彦堂拟作之卜辞汇编成后，然姑以王静安君之《殷墟书契考释》及《古史新证》（不在《遗书》中而编于述学社《国学月报》之"王静安先生专号"内）所辑，关于卜祀之辞观之，已可见其绝不同处。此两书中所列祀殷先王者数百事，然祀"自上甲至于多后"之合祭，与祀自上甲以来各世祖妣之分祭，皆不用靣（只有一例外，即《殷虚书契考释》增订本卷下第十四叶第五行，"大甲，靣三羊，卯三牛"。此为罗君增订本，不注出处，无从查考原版。然大甲或合上文读）。而祭夋与土则皆用靣，亦有靣于王亥及妣乙者。王亥即振，已为定论，此世固在上甲之前。妣乙为何代之配，因无合祭，不可知。准以高祖夋之例，则此当为其始祖妣，《说文》释乙为玄鸟，与《诗》正合，然则妣乙即简狄也（论此另有一文）。靣盖燔柴之祭，与沉埋等，皆不可于室中行之。自上甲以来者，既始用宗庙之祭，可以上甲、报乙、报丙、报丁诸名之书形知之。上甲之从□者，必设位于中，报乙、报丙、报丁之众〔□〕者，必设位于旁，□与匚当即祐一类者。此必是室中之祭。袞既不可于室中行之，而祀高祖夋及土，皆但用袞，可知其必不在室。此与祀帝于郊，祀后土于社之场所正合。又袞、沈、薶诸祭，亦用于兕蚰等，此数字虽不可知其究何指，然其指自然之怪，则可信。然则祀自然亦与夋、土等同，明夋、土等不仅是殷之先祖，且与自然为同类矣！凡此分别，皆显然表示夋土诸世与自然之祭焉一系，而不与上甲以来者为一系，亦即表示　虽为相土，亦应并为邦社也。然最有力之证，仍为《诗·生民》中"诞后稷之穑，有相之道"一语。毛曰："相助也。"郑曰："大矣后稷之掌稼穑，有见助之道，谓如神助之力。"此解全不可通，《毛传》、《郑笺》中此类不同之例至多。今如以相为人名，不特文从字顺，且于经典正有其证。《国语》三，"昔共工弃此道也"，正与此同其文法，特一用名词，一用代名词而已。凡上文所举，虽均非直证，然旁证者既如是多端，则相土即邦社，当可为定论。盖夏商周同祀土（即今所谓"土地庙"）而各以其祖配之。夏以句龙，殷以相土，周以弃稷。至于所谓配者，是如何解，已颇不易明。所以配者究竟以为上帝之自然神以外，更有夋，或者夋即是上帝呢？究竟土之自然神以外，更有夋，或者夋即是土之自然神呢？然三位一体之论，在后来固是一个很雄辩的哲学，在初民时代，也当有一个抽象的与具体的混淆了的背景。那么，再问周人向殷人半借用半模仿而成的全神堂，在后来有证么？曰，有。满洲的祭天，本是跳神。然自灭中国以后，承袭了儒家的祀正统之天，在天坛，并承袭了嘉靖帝的道士之天，在高大殿，而同时继续其跳神之天，于坤宁宫中杀猪！因为接受前一代的土地人民文化，不得不接受前一代的宗教，——至少在表面上。

　　殷之种姓，上期寄颉刚的信上一段说：

　　鲁是一个古文化的中心点，其四围有若干的小而古的国。曲阜自身是少昊之墟。昊（皞）容或为民族名，有少皞之于太皞，犹大宛、小宛，大月氏、小月氏也。我疑及中国文化本来自东而西，九河济淮之中，山东辽东两个半岛之间，西及河南东部，是古文化之渊源。以商兴而西了一步，以周兴而更西了一步。不然，此地域中，何古国之多也。齐容或也是一个外来的强民族，遂先于其间成大国。

　　十六年八月，始于上海买王静庵君之《观堂集林》读之，知国内以族类及地理分别之历史的研究，已有如《鬼方狁狁考》等之丰长发展者。然此一线上之题目正多，而每每甚细，如粗粗卤卤的泛以这民族那民族论，亦未曾有是处。旋见《国学论丛》第一卷第二号徐中舒先生《从古书中推测之殷周民族》一文，至觉倾佩。今欲辩殷之种姓，转录其一节如下：

　　今由载籍及古文字，说明殷周非同种民族，约有四证。一曰由周人称殷为夷证之。《左传》昭二十四年引《太誓》曰："纣有亿兆夷人，离心离德；"夷人，殷人也，服氏杜氏均以夷为四夷之夷，非也。《逸周书·明堂篇》曰："周公相武王以伐纣夷，定天下；"纣夷连文，亦谓殷人为夷也。纣夷又见《佚书·太誓篇》，《墨子·非命》上引其文曰："纣夷处不肯事上帝鬼神"；《非命》下引作"纣夷之居而不肯事上帝"；《天志》中引作"纣越厥夷居而不肯事上帝。"此同引一书而其文不同如此。盖昔人罕见纣夷连文，因转写讹谬，遂失其读。《逸周书·祭公篇》云："用夷居之大商之众。"夷居大商与《太誓》之称纣夷居义同，此皆谓殷人为夷也。二曰由周人称殷为戎证之。《逸周书·商誓篇》云：

"命予小子，肆我殷戎，亦辨百度。"殷戎犹纣夷也。《书·康诰》："殪戎殷。"《伪孔传》："戎兵也。"殊为不词。郑注："戎大也。"亦非。《逸周书·世俘解》："谒戎殷于牧野。"戎殷犹殷戎也。亦称戎商。《周语》，单襄公曰："吾闻之《太誓》之故曰，'朕梦协朕卜，龚于休祥，戎商必克。'"此皆谓殷人为戎也（以下两证不录）。

今将此处所举例，更进一步分析之，则可得下列之分别，即殷之公室为戎族，夷之土地人民为夷土夷属也。周人称戎殷者，既如此多例，而殷人亦自称其来自有娀。《诗·商颂》，"有娀方将，帝立子生商"是也。且戎族之中，有以子为姓者，《左传》，"小戎子生夷吾"自称，为人称之皆曰戎，而戎中至春秋尚有子姓，则殷之宗室，必为来自有戎者，盖可无疑。戎狄之称，后来均甚泛，然在最初必是国名，犹之胡之一称，在初不过指林胡等地，而后来用之遍称匈奴乌桓鲜卑西域以至天方各部落；蕃之一称，在初不过是吐蕃之省词，而后来用之遍称天山南各族，阿拉伯人（例如《诸蕃志》），大西洋人（例如广东人至今称西洋人及其一切物事曰蕃）。西戎姜戎之称，大约西周方有之。最初有戎必为一大国，非其族类者，用此强大之名于他族之上，后来乃为外国人之泛名也。《国语》、《左传》所谓犬戎，即《诗》所谓混夷（见王静安《獯狁鬼方考》）。且姜戎犬戎小戎等，皆类后起之号。可知周初尚不以戎呼一切外国人，或者殷亡而戎为贱称，乃用于一切外国人吗？以戎为西方之族，盖甚后之事。冠以西字，而曰西戎，明其有别于不在西方，原负戎称者也。

至于殷公殷王所践之土为夷境者，亦可推想知之。《吕氏春秋·古乐篇》，"商人服象，为虐于东夷。"《左传》，"纣为黎之搜，东夷叛之。"据此可知殷非夷人，而曾服夷。《墨子·天志》引《太誓》，

"纣越厥夷居，而不肯事上帝"，明纣从殷俗，忽略其上帝之祀。此祀或是自戎狄间来，与周共之者。殷墟卜辞中每言伐人方，此人字实当释为夷字。金文中人夷两字大体无别，而以夷为名之国，入春秋尚有（见《左传》隐元年）。盖殷末东方之国，曾泛称夷，此诸夷者，其中实有太皞、少皞、有济之后而为负荷古代文化之民族，故殷亡而箕子往归之，周衰而孔子思居之。周人初与东方民族接触，知东方以人（夷）为称，于是以夷泛称一切外国人，如所谓混夷者。然蛮夷戎狄闽貉皆是国名，在初非有贱意。狄本作易，不从犬（即今易水一带之地，王君所考）。蛮本作繇，不从虫。秦公敦，虩事繇夏，繇指荆楚，而夏指晋。蛮之本地何在，今不可知，然必南方之国。戎为有戎氏之国，已如前所说。貉疑即潞子婴儿之潞。闽盖民之后起字。夷即人之分化字。黎即重黎之遗民，国亡之后，降为臣仆。古者具体及分别语多，抽象及总类语乃绝无仅有。以一人字概括王公士大夫庶人臣仆以及男女，盖甚不易者。民字之义，至今不上于士大夫。人字之义，在金文中为锡庸之品。黎为重黎之后，在经典中甚显，而黎民之称，在战国甚通用。社会的阶级即民族的阶级，在现在的世界中尚大半是这样，例如全欧洲贵族多日耳曼及斯拉夫种，而人民则希腊罗马高罗穆尔之遗也。

以上论殷为戎姓而其土地人民则为夷之一说，在今日虽不能以为定论，然看来已很像一个甚显然的设定。且此设定可解释下列一件事实。近两年中李济之、董彦堂两君之殷墟发掘所得物件，显然表示殷商文化之多源，并表示中国文化由来之正统。因为殷墟的物件中有许多野兽骨，证明其畋猎生活。又许多海中的产品，至少亦可证明其与海滨民族有甚多之关系。果"以戎姓为夷土之君"之一说可信，此谜立解。又其一切石器玉器兵器陶器之异样，虽未必即能概括周初之物质文化，因为我们现在尚不曾发掘到周初都市的故墟或墓葬，正不能如此断定，然以宋代以来研究古器物者之文书谱录来看，大体既备于殷墟。那么，殷周之际，是难得有物质文化变迁的。因民族变动而引起之文化，当是偏于社会组织一面，特别是宗法。

　　然而周人是不甘于但去恭恭敬敬接受殷人的文化基业的，不免一面接受，一面立异。犹之乎辽金诸虏，一面向宋人要绢缯，这些东西正是汉人文化之结晶品，一面还只呼宋人为南人，不以之为中国之正统。又犹之乎建州虏，一面以受明封为荣，一面又说并不与明相干，而远比忽必烈之功烈（即如康熙，一面向孝陵跪九叩头，一面又谓，"自古得国之正，无过于本朝者"）。周人所以标出来抗殷的是夏。夏之故域在河东（《左传》定四年，"分唐叔以大路密须之鼓，阙巩沽洗怀姓九宗，职官五正，命以《唐诰》，而封于夏虚。启以夏政，疆以戎索"），而渭南之崇亦是诸夏之一（《诗》"既伐于崇，作邑于丰；"是崇在丰，今西安之西。鲧在传说中为禹父，又号有崇伯鲧，明崇夏有关）。汉水又名夏水。或者夏之区域，错处在今河南境之大半，南至江汉之交，亦未可定。所谓诸夏者，在初必是夏族之诸部落，后乃推之一切负荷中原文化之人。所谓夏后者，当即诸夏之长，如此名之，以别于其他之夏部落。"殷因于夏礼，所损益"的，是如何一段故事，现在已不可知。但商人实未曾将夏之支姓一扫而光，而河东河南一带始终负夏之名，至荀子时尚有此称。《儒效篇》："君子居楚而楚，居越而越，居夏而夏。"战国末尚存此名。殷周之际，诸夏必尚有甚多分居中原者。周人两代与殷通婚，然一为异姓，帝乙之妹之下落又不可知，而生武王者，反是夏遗之莘，则周人伐殷时，说是以商待夏之道还之于商，或至竟去说是为夏人报仇，且承诸夏正统，未尝不合情理。匈奴之刘渊造反，先去祀汉三祖，正是此理。果然，周人对于夏的称呼，不是戎商一样的。《周颂》中两称时夏：一、"我求懿德，肆于时夏。"二、"无此疆尔界，陈常于时夏。"时夏之时如何解，虽不可确知，然称周亦曰时周，如"定时周之，命于绎思"，"敷天之下，裒时之对，时周之命"。

则时夏之称，必甚美甚亲近者。又有时说的简直是报仇泄愤一般，如"文王曰咨，咨女殷商。……殷鉴不远，在夏后之世"。这一类话，在《周诰》中犹多。不特如此，更说自己是夏。《康诰》："惟乃丕显考文王，克明德慎罚，不敢侮鳏寡，庸庸祗祗，威威显民，用肇造我区夏。"又周诗之本体为雅，而雅即是夏，此王伯申之大发明。（余谓"诗三百"皆以地域标名，初无风雅颂之别。四始之说，乃汉儒之义，见《诗经讲义》，未刊。）这样看来，真正和刘渊建国曰汉一样了。

不过"命周侯"一版是证明《史记》所载殷命周昌为西伯，《竹书纪年》所载殷命季历为西伯一些话，是不错的。刘渊到底是晋臣呢！

补记：此文写完，承徐中舒先生为我细看一遍，作下列之提示，谨当补入，以志同好者之感情：

一　陆终娶鬼方氏曰女隤（似是媿、隗别体），楚灵王称"皇祖伯父昆吾"，鬼方、昆吾，当是夏或其近族，故楚仍可包括在夏民族中（说详《再论小屯与仰韶》）。

二　戎殷戎商的解释，现在又略有变更，时夏时周与戎殷戎商似为相对名词。时是同字，此也；戎女也。即此名称，也有内诸夏而外殷商之意。时周，与咨女殷商，正是显明的旁证，清人称明，也说尔明国。

三　铜器有"伐楚荆"、"伐荆"的记载，大约是成康时物，昭王、穆王，也曾经营过南方的，这是楚在周初确是周人的劲敌的证据，即楚为周初一个大民族之证。

四　蒲姑，薄姑，亳姑，亳，薄，在字音上讲与濮也有若干关系。地名有濮上，城濮，与薄（亳）均在中土，《左》文十六年"麇人率百濮聚于选，将伐楚，于是申息之北门不启；"是百濮在楚北之证。

五　易，丧牛于易，丧羊于易，《山海经》有易之君绵臣，此诸易字皆当是狄字。契母称简狄，亦当注意。

六　虢季子白盘记伐猃狁之事说"用政綟方"，古代未必即指南方异族，《春秋左传》有茅戎在成周附近，《公羊》作贸戎，即綟之声转。

（原载1930年12月国立中央研究院历史语言研究所《安阳发掘报告》第二期）

中西史学观点之变迁（未刊稿）

这个题目可以分三方面讨论：一、中国历代对于史学观点之变迁，二、西欧历代对于史学观点之变迁，三、近代数种史观之解释。今依次说明于后：

一　中国历代对于史学观点之变迁

客观史学方法，非历史初年产物，而为后起之事，大概每一个民族历史的发展，最初都是神话与古史不分，其次便是故事与史实的混合，经过此二阶段后，历史乃有单独的发展，如希腊古史之记载，最初亦与神话传说混合，试问中国早年历史是否与神话有关？惜乎中国文化发达甚早，旁的民族、国家，无从替中国记载，因此中国历史黎明期，就少记载的机会，加以古史之保存与人民迷信程度有关，当周朝时，中国人民知识已早发达，对于古代之传说，加以怀疑，而将传说中之神和故事人格化、理智化，而创成新的理论的系统。所以历史的初年有三皇五帝之说，《论语》一书，不谈古代史，并且亦不愿谈古代史，以其不足征也。征而后言，这种态度对于研究学问，很有帮助，不过中国古代史料就因这种态度所抹去的不在少数，由此说来，难道中国古代史料竟消灭净尽了吗？不然，也有部分保存，大概与儒家相隔愈远、与乎未如何理想化之史料，其真确性愈大，如《孟子》不如《楚辞》，《楚辞》不如《山海经》。禹鲧故事，求之《孟子》，不如求之《楚辞》，求之《楚辞》，不如求之《山海经》。

中国古代，号称左史记言，右史记事，事为《春秋》，言为《尚书》。可怪者，近世发现两种东西——金文与甲骨——即与《尚书》、《春秋》相印证。《尚书》中可信之材料，如《周诰》、《康诰》等篇，证诸钟鼎彝器所载而无讹。至于《春秋》乃一编年史，不外出于日记，由实录变为国史，系长期记载之产品，其特点即在编年以事系日，以日系月，以月系时，以时系年，记事仅标题而无内容。甲骨虽占卜之用，卜后必雕文其上而保存之。记注必有主，必有事，必有月日，依时屡积，久则可据以作编年史。又《春秋》记事仅一言，此种体裁，甚为特别，在早年记载之方式中与甲文相似更厉害，再以二者文法相比较，亦可窥出二者有甚大之关系，所以我们今日研究中国史，与其求褒贬之法于《春秋》，不如将其与甲文相关之处多多加以比较研究。

《国语》载楚庄王为其子聘叔时为师，叔时教之春秋，教之世，教之礼，教之乐，教之令，教之语，因有此种种教育，才能启发贵公子。所以早年历史就存在此种贵族教育之目的中。

古史编年系统为晋之《乘》、楚之《梼杌》，及《墨子》所见百国《春秋》等，但诸书散佚，今所存者仅《汲冢周书》，于战国时埋藏，经数百年始出土，未经两汉儒家之点缀，其材料甚可贵，尤其对于战国记载特别清晰，中国古史与西欧古史之比较其优点，就在年代清楚，如史公作《六国表》根据《秦记》以秦为骨干，而忽略其余强国改元之事，记载年代，有时亦不免错误，因此《竹书纪年》大有助于年代之考订。综之，古史编年系统，今所存者，不外甲骨、《春秋》和《汲冢纪年》。

《左传》或称左丘所撰，或谓今本《左传》，乃汉人割裂《国语》以伪撰，何者为当，姑置勿论，今假定《左传》从《国语》而来，《左传》仿《国语》常多诗曰或君子曰之言以结尾，其作用就在总束故事，暗寓道德教育之义。此种体裁，《荀子》、《韩非子》、《吕氏春秋》亦多援用，所以中国左史真正记事而不怀教育、政治、社会诸作用者很少。是种诗曰、君子曰影响后来之文体甚大，后之著述者每多引诗为证，其体裁皆渊源于此。

晚周前，中国古史有编年之《春秋》与《国语》两系。后来凡带批评性之书，统称《春秋》，如《晏子春秋》、《吕氏春秋》、《虞氏春秋》等等，可见当时"春秋"之普遍性，孔子作《春秋》而乱臣贼子惧，并无旁的证明。《论语》中关于孔子与《诗》、《书》之关系多言之，而于《易》、《春秋》独否，且孟子所见之《春秋》，是否为今日吾人所见之《春秋》尚成问题，也许今日之《春秋》在早年与孔子并无直接关系，也说不定，不过一到汉朝，《春秋》便成为儒家最重要之书籍。

《吕氏春秋》即模仿《春秋》而作，虽不编年，却编月，不记其事，而却载其道理，将许多理论而纳之于十二月中，当时凡著书立说，必须遵守二条件，即持之有故，言之成理是也，换言之，著述必有所本而且能以古典之方式推出新论，此乃得成功。战国诸子著述无一例外，

《吕氏春秋》既仿《春秋》而又合各种文体于一炉而冶之，实一集合诸种体裁之产物，继之而起者，后有《淮南子》。

《史记》并非客观历史，加入主观思想，不过有其特殊见解，为综合史体，其排列情形，根据《吕氏春秋》与《淮南子》。不过前者记事，后者记理而已，史公在其自序内虽明言不敢学《春秋》，而暗里即效法《春秋》，寓褒贬之意于著述中，总之，《史记》非客观历史，而是自成一家之言，《艺文志》归之于《春秋》家，《隋书·经籍志》乃独立一部，又史公非考订家，而是记录家，如《老子列传》叙述老子多至三人，究莫知其何指，《史记》之长处：A. 比较编年学之观念之早现；B. 《史记》八书即中国古代之文化史；C. 自《史记》以后纪传体即成立，后来史学界有编年、纪传两派，所有著述都不外此两种，虽工拙有别，而摹拟则一；D. 自《史记》而后，史始自成一派，实为承前启后之一大部著作，自汉迄唐，史学竞胜者只在文学与文法而已，子玄《史通》，即批评各史之史法，此风至宋乃为之大变。

当时史学最发达，《五代史》、《新唐书》、《资治通鉴》即成于是时，最有贡献而趋向于新史学方面进展者，《通鉴考异》、《集古录跋尾》二书足以代表，前者所引之书，多至数百余种，折衷于两种不同材料而权衡之，后者可以代表利用新发现之材料以考订古事，自此始脱去八代以来专究史法文学之窠臼而转注于史料之搜集、类比、剪裁，皆今日新史学之所有事也，《通鉴》一书于《春秋》正统思想亦有莫大解放，然其主观成分亦不能廓然去之，观资治之名可知《五代史》、《新唐书》亦具同病。虽然，北宋史学因已超越前代远矣，惜乎南渡后无进展，元明时生息奄奄。

清朝之《明史》、地理学等亦有可观，大史学家亦有之，而史学终不发达者原因何在？一言以蔽之，殆政治关系使然，因之遏制史学之发展，清朝史学家为避免文网，不敢作近代史料之搜集编纂，而趋于考订史料之一途，《廿二史劄记》、《十七史商榷》为贡献之最大者。朴学之兴，始于明，最初求博后求精，再后求精求博，而更求通，顾、黄集其大成，率因政治之影响，后之学者，不敢追踪前贤，乃专注于考证。当时学术界仅有专家之发展而无通人之培养。乾嘉间，汉学发达结果，从极端分析精神中变出今文《公羊》之学，以经学为名而有政治作用。乾嘉以后，史学有新要求：A. 边疆土地，B. 金石学（特别金鼎钟文之学），C. 辽金元史之讲求。然而有清一代始终未出一真史家与真史书。

现在中国史料由于地下之发掘与考古学之贡献，日益加多，作史较易，加以近代西洋史学方法之运用与乎社会科学工具之完备，今后史学界定有长足的进展。

二　欧洲历代史学观点之变迁

中国学问，自古比西洋继续性大，但最近千年来，反不如西洋之有继续性，此亦中国近代文化落后之一原因。欧洲历史，一方面分成几个阶段，另一方面西欧文化自罗马教会成立以来，从未经外力之扫荡，虽有革命，要不过内部之改革。中国不然，经永嘉、靖康两次南渡，许多学问，多成绝学。中国历代史籍，传者较少，失者反较多。因天灾人祸之交迫及外患之侵入，散失者更不知若干。且以学问方面，从无继续性之组织，由是专家之学，先生不得以传学生。西欧史料经教会与贵族之保存，于是史学方面，得以有继续性之进展。

欧洲史学，自教会兴起后，其继续性比中国史大，然而在希腊以前，其情形恰相反也。当时文化中心，一在尼罗河，一在美索不达米亚平原。史料来源有二，一为《旧约全书》，一为史学家与旅行家之记载。前者出自希伯来，后者出自希腊，虽亦有可贵处，然与中国古史比较则相去远矣。Herodotus、Xenophon等关于埃及、近东之记载，其确性实亦不如近年学者之贡献。欧洲古史，初亦以神话为本，后更基于传说，当希腊诸城邦独立时，诸城市、贵族、教士，多有种种记载。此种记载，为西史之特色，为甚可实贵之史料，希腊史头一阶段多带野蛮性，为半神半事之观念，著作以荷马之诗为代表，后来文化大进步，发出灿烂的光辉。当时历史记载方式多出之于采风问俗，这种历史很有可以批评的地方，始终有其浮夸处。欧洲史学有一特别现象，始自希腊即文史不能分离，史学独立，是晚年之事。为荷马之诗，文学兼史学，实则史学不过文学之一附庸而已。

罗马文化，处处受希腊影响，诗歌虽不及而历史实驾希腊而上之。罗马政治有效能，军事优越性大，思想迷信与汉同，罗马文化之贡献，为法律、政治，而历史亦伟大贡献之一。就史学家言，希腊史学家多为写兴家、交学家，罗马史学家不是单独的史学家，而是当时一般大政治家或大将，记述之目的，不在文字之优美，而在事实之录存，所记之事，不在往昔，而在当年，成就一种较有确实性的历史。但自教会兴起后，史学界大有变动，纪元五六世纪之交，大思想家辈出，最要者为St. Augustine，彼以整齐之方法叙述过去史实，以埃及、波斯、亚历山大、罗马四帝国所以不能长久支持者，乃无宗教为之维系，彼更以教会为上帝之代表，而为拯救之仲介，组织一有系统之神学，而以历史证明之，使历史一改旧观，而为耶稣教神化之产物。奥氏所著之罗马教会以之作为典型书籍，解释不能出教义之范围，犹幸虽作法定解释，尚未禁人研究希腊之古学，在教会中亦不断的探讨。不过，终未有若何新的发现。罗马亦未禁止古学，但禁止对于古学离于教会之解释，遂使一切学问陷于停止状态。后来因有宗教狂之发生，青年求知欲大大增加，乃从事收求遗本于东罗马之流之人与阿拉伯人，对于希腊学术发生极大兴趣，而新文学新史学于以发生，一脱宗教之色彩，此即所谓文艺复兴时期，当时史学，亦如希腊文史不分，亦以采访之史料编之，不过于St. Augustine

神道化之解释，至少可说是存而不论，抑且更进而攻击之。虽然，仍不以史为谈事之对象，而以史学为表现文学之工具，此种风气流传英、法，至今未替。

近代史学发展有二点：

A. 观点——近代史学观点，与其谓为出于思想之变化，毋宁谓为事实之影响，最大者为新大陆之发现，增加无穷传闻故事，发现许多不同之人、不同之地、不同之风俗、不同之事物，激起一个普通问题，人类为何分离发展。对于以前四个大帝国在前，基督教在后。上下古今一贯之学说，根本动摇。对于异样文明，发生新的观念，新解释的要求，换言之，即引起通史之观念、通史之要求，而通史学发展，德国实居于领导地位，最后之结晶，即红巴尔提（Humboldt）之贡献，其见解虽不无可诋处，然其作品实世界第一部通史。

B.方法——欧洲自中世纪以来，教会所保存之史料不少，而各地亦有各地之记载，如德之汉堡、不来梅等市，皆有记载，加以欧人性喜记载自身事迹，办外交者都常写Memoire。近代历史学之编辑，则根据此等史料，从此等史料之搜集与整理中，发现近代史学之方法——排比、比较、考订、编纂史料之方法——所以近代史学亦可说是史料编辑之学，此种史学，实超希腊罗马以上，其编纂不仅在于记述，而且有特别鉴订之工夫，自此种风气养成之后，各国皆有编纂史料之努力，重要之作品亦属不少，如德国之*Monumenta Sermanae Historica*是，此外法俄皆有同等之进步。过去史学与其谓史学，毋宁谓文学；偏于技术多，偏于事实少；非事实的记载，而为见解的为何。史学界真正有价值之作品，方为近代之事。近代史学，亦有其缺点，讨论史料则有余，编纂技术则不足。虽然不得谓文，但可谓之学，事实之记载则超前贤远矣。

此二种风气——一重文学，一重编辑史料——到后形成二大派别，一派代表文史学，一派代表近代化之新史学，前者如Treischke之《法国革命史》，不在史料本身之讲求，而惟文学、主观见解之是务，此书对世界影响虽大，终以文学价值为多。后者如Mommsen之《罗马史》，其记载之确实性，实较当年罗马人之作品而上之，因Mommsen所可得见之史料为当年罗马人所不及见也。

此外史料来源问题，亦使新史学大放异彩。如Herodotus之记载埃及古史，不过问诸庙宇住持，虽写得有声有色，而事之确切远不如今日挖掘之证明。至于《希腊史》，因现今希腊神话学、考古学、语言学之研究，昔年之记载亦不及今日远甚，罗马史更无论矣。由于史料之搜集、校订、编辑工作，又引起许多新的学问。中国先有金石学，后有考古学，欧洲情形亦复如是。中国金石学之对象，为钟鼎款志，欧洲为钱币，后有普遍考古学，如埃及考古之结果，而使二千余年人类历史中久已遗失部分复行发现。亚洲之底格里斯河与幼发拉底河沿岸所发现之纪念物，亦藉考古学之助而得知，西亚细亚之人类如何脱去草昧时代，自爱琴海发掘后，得知希腊文化非突然兴起，埃希文化之接触，爱琴海实为之桥梁，又小亚细亚半岛之考古，吾人得知纪元前1500年前赫梯人侵入该岛之状况，此为印度欧罗巴族之第一次出现于历史舞台，由各地发掘考古之贡献，今人对于世界知识实在古人以前。不仅此也，欧人史学之发展更进而利用东方史料，如阿拉伯、印度、中国是。欧洲人利用阿拉伯之史料，最早关于研究古地理及希腊、罗马诸问题，多靠之；其次关于西方史学问题之考订，印度文献亦有帮助。自中西接触后，西域、匈奴之问题与乎蒙古之源泉，还有赖于中国史料之解释，西人利用东方史料，发展东方学，于亚洲史贡献极大。

综之，近代史学，史料编辑之学也，虽工拙有异，同归则一，因史料供给之丰富，遂生批评之方式，此种方式非抽象而来，实由事实之经验。

三　近代数种史观之解释

因人类接触，发生世界史要求，以解决新问题，同时一般哲学家以为历史无非事实之记录，事实之演变，必有某种动力驱之使然，如能寻着此种动力之所在，则复杂之历史，不难明其究竟，因是而有史观之发生。所谓史观，即历史动力之观察，观点不同推论即异，今仅择其最有势力之三种而略论之。

A. 进化史观　进化论观点渊源于达尔文，19世纪下半叶之学术界，受达尔文学说之影响极深，彼之思想甚为奇异，不出之于生物学，而得自马尔萨斯之《人口论》。马尔萨斯以为人口是按几何级数而增加，食物是按数学级数而增加，二者之间必失其调和，限制人口之增加，非斗争不足以言淘汰。后来达尔文将马氏学说用之于生物学方面，此即自然淘汰之来源。所谓优胜劣败，适者生存者，也由此中演出。此种思想盛极一时，人文科学、物质科学皆大受其影响，归纳拢来，达氏学说之优点，在将整个时间性把握住，于史学演进给一新的观点，同时文化人类学、人种学之兴起亦有帮助。自其流弊言之，西欧自文艺复兴以来，继续希腊文化，讲自由，斥暴君，暴君虽有，而学术思想之自由则不断言，但自19世纪以来，人道主义趋于淘汰，武力主义逐渐抬头，此种思想于达尔文学说未始全无影响。

B. 物质史观　以物质现象解释人类生活，亦即解释历史。此与唯物史观不同，唯物史观不过其中之一部而已，如新大陆之发现，许多不同之人，不同之事物，不同之风俗，皆以地理环境不同解释之，人类颜色之不同，亦因所居纬带而有差异。此种解释常有例外，马克思之《剩余价值论》中曾有详细之批评，此派在英以T.H.Buckle为代表，所著《英国文化史》包罗万象，彼之主张，以为人类愈进化，天然之影响愈小，愈草昧，天然之影响愈大。天然影响人类之物，不外天气、食物、水、地理形势四种。对于早年西班牙文化，亦有许多解释，对于各地社会组织与地理影响也有许多讨论，此种学派，现盛行法国，称人文地理学派。Buhnes之著作曾解释早年罗马村落生活之现象，彼以为古代人类之住居必在临河之高岸上，以地理环境解释文化之发展，对于历史之帮助甚大。

C. 唯物史观 唯物对唯心言，特别对黑格尔之哲学而发，黑格尔对于历史有两种解释：（一）玄学的解释，黑氏以为人类世界，全依正反合之辩证法演进。（二）黑氏以历史发展最初系由中国而印度而近东以及意、西、法、英、德，每一阶段有一Idea，后者居上，德国最好。现在言之，虽觉可笑，而当时却风行一时，其弟子马克思尽得其学而代以新名词，即成唯物史观。中国从无此种异说，对于历史只有将其伦理化，欧洲则使之抽象化，为St.Augustine之四帝国之说，早已见于5世纪，黑格尔之学说系统，大概亦受天主教之影响，尽管他要求解脱，而下意识早已受其支配。马克思虽求改革黑格尔学说，而早受黑格尔学说影响，自尚不知如彼以历史进展靠阶级斗争，在两阶级斗争之后，必然产生一新的阶级，此与黑格尔之Idea进展何异？又马克思分社会为农业社会、工业社会、资本主义社会……等亦无非在变黑格尔之横断发展为纵断发展，其名为唯物，实以唯心为后盾。马克思之贡献一在《剩余价值论》，其中对于人文地理学派多所批评；其次为《共产主义宣言》。其弊端（一）将整个世界进展视作直线过程。（二）马克思之《唯物史观》根据工业革命前后史料以历史片断现象，而欲概括通有之历史现象，是诚不可能。

（原载1995年12月《中国文化》第12期）

附录：故书新评

出版界评

近年出版杂志中，间有设"书报介绍"一栏者，然论列所及，但以善著为限，从不见有日本杂志之"蒲鞭"。今日中国出版界暗淡极矣。有价值之作，能有几何？所累出不穷者，皆不堪寓目者耳。不有以匡其误谬，非惟贻患读者，且无以促出版界之自觉心与上进心。于是本志特设此栏，贡其愚诚，对于善者将称道尽情，对于劣者亦不敢有所忌惮。学术，公器也；是非，公谊也。原非个人所得而假借，故本志取而曝之。若竟成闲怨，则亦记者所乐受而不恤也。

年来出版物，独以恶滥小说为最多。本志对此，殊不滥费笔墨。本志以为不龊而讥弹之者，犹认为立于平等地位；若此恶作，竟如"犬马与我之不同类也"者，更何为耗弃精神，以成词费。记者暇时，拟撰一文，名曰《今著述家地狱九等表》，广包并容，分别部居，则等差自见。今决不肯——致其词也。

王国维著《宋元戏曲史》

商务印书馆出版

近年坊间刊刻各种文学史与文学评议之书，独王静庵《宋元戏曲史》最有价值。其余亦间有一二可观者，然大都不堪入目也。

问王君此书何以有价值？则答之曰：中国韵文，莫优于元剧明曲。然论次之者，皆不学之徒，未能评其文，疏其迹也。王君此书前此别未有作者，当代亦莫之与京。所以托体者贵，因而其书贵也。

宋金元明之新文学，一为白话小说，一为戏曲。当时不以为文章正宗，后人不以为文学宏业。时迁代异，尽从零落，其幸而存者，"泰山一毫芒"耳。今欲追寻往迹，诚难诚难。即以《元杂剧》而论，流传今世者，不过臧刻百种，使臧晋叔未尝刻此，则今人竟不能知元剧为何物。持此以例其他，剧本散亡，剧故沉湮，渊源不可得考，事迹无从疏证者，多多矣。钩沉稽遗，亦大不易。当时人并无论此之专书：若于各家著述中散漫求之，势不能不遍阅唐宋元明文籍，然而唐宋元明文籍，浩如烟海，如何寻其端绪？纵能求得断烂材料，而此材料又复七散八落，不相联属，犹无补也。王先生此书，取材不易，整理尤难。籀览一过，见其条贯秩然，能深寻曲剧进步变迁之阶级，可以为难矣。

研治中国文学，而不解外国文学；撰述中国文学史，而未读外国文学史，将永无得真之一日。以旧法著中国文学史，为文人列传可也，为类书可也，为杂抄可也，为辛文房"唐才子传体"可也，或变黄、全二君"学案体"以为"文案体"可也，或竟成世说新语可也；欲为近代科学的文学史，不可也。文学史有其职司，更具特殊之体制；若不能尽此职司，而从此体制，必为无意义之作。王君此作，固不可谓尽美无缺，然体裁总不差也。

王先生评元剧之文章，有极精之言。今撮录如次：

> 元曲之佳处何在？一言以蔽之，曰，自然而已矣。古今之大文学无不以自然胜，而莫著于元曲。盖元剧之作者，其人均非有名位学问也；其作剧也，非有"藏之名山，传之其人"之意也。彼以意兴之所至为之，以自娱娱人；关目之拙劣，所不问也，思想之卑陋，所不讳也；人物之矛盾，所不愿也。彼但摹写其胸中之感想，与时代之情状，而真挚之理，与秀杰之气，时时露于其间。故谓元曲为中国最自然之文学，无不可也。若其文字之自然，则又为其必然之结果，抑其次也。
>
> 明以后传奇，无非喜剧，而元则有悲剧在其中。就其有者言之，如《汉宫秋》、《梧桐雨》、《西蜀梦》、《火烧介子推》、《张千替杀妻》等，初无所谓先难后合始困终亨之事也。其最有悲剧之性质者，则如关汉卿之《窦娥冤》、纪君祥之《赵氏孤儿》剧，中虽有恶人交构其间，而其蹈汤赴火者，仍出于主人翁之意思。即列之于世界大悲剧中，亦无丑色也（按：即此而论，可见中国戏剧历代退化）。然元剧最佳之处，不在其思想结构，而在其文章。其文章之妙，亦一言以蔽之，曰，有意境而已矣。何以谓之有意境。曰，写情则沁人心脾；写景则在人耳目；述事则如共口出是也。古时词之佳者无不如是，元曲亦然。明以后，其思想结构仅有胜于前人者，惟意境则为元人所独擅……
>
> 元剧实于新文体中，自由使用新言语。在我国文学中，于《楚

*辞内典》*外，得此而三。……

书中善言，不遑悉举，姑举数节以见其余，皆极精之言，且具世界眼光者也。王君治哲学，通外国语，平日论文，时有达旨。余向见其《人间词话》，信为佳作。年来闻其行事不甚可解，竟成世所谓"遗而不老"之人。此非本文所应论。就本书，论本书，却为甚有价值耳。至于今日，中国声乐之学，衰息极矣。世有有心人，欲求既往以资现在，则此书而外，更应撰论述明南曲之书词之来源与变化。汉魏以来，至于明清声乐之迁嬗，亦应有专书论次。盖历来词学，多破碎之谈，无根本之论，乐学书中，燕乐考原，声律通考虽精，而所说终嫌太少也。必此类书出于世间，然后为中国文学史、美术史与社会史者，有所凭传。

马叙伦著《庄子札记》

北京大学出版部刊，刊刻者仅《在宥》至《至乐》八卷，余未见

同学某君以此书相示。取而观之，见叙中有云，"仆既略涉'六书'，粗探内典，籀讽本书，遂若奥衍之辞，随目而疏，隐约之义，跃然自会"，则大惊喜，以为释诂必有胜义，谈玄必有妙谛也。及泛览一周，始觉失望。今取所包含，分析之如次。

请先谈故训。马先生谈故训之方，可分为下列数种：

（一）抄录成说，而案以"某说是也"、"某说得之"，或"某说美矣"……更不附以解证。

夫成书具在，治《庄子》者，理必取阅，今是而录之，且刊而布之，得无辞费乎?

（二）抄录成说，而案以"某说是也"、"某说得之"，或"某说美矣"……更附以解证。然而所解证者，并不见具何条理，有何发明。烦言碎词，若干不甚关联之经籍故训，衍成多行，则亦何贵之有。昔人立一说时，自必有若干资证，然而布之方策，不能无所简汰，固以为一义之明。片言居要，罗列多说，反为辞费也。今乃取彼字纸篓中物，以为创获乎？

（三）抄录成说，而案以"某说非也"、"某说未谛"……然而据以驳某说之根据，亦取资于他人者，则若可解若不可解之"玄言"耳。

（四）书中常有博物之言，考其情实，犹是古人识名不识物之法。故但见异名罗列，而不见罗列之后，得何结果也。使吾辈生于百年以前，本此道著书可也。今非其时也。其尤异者，甚至谓植物化为动物。夫下等生物，不辨动、植则诚有之。若植物化为动物，记者学浅，未闻生物学家有是言。

（五）谈及地理，则放之荡之，至成长篇，著述家应以缩杀为工，不应以夸炫为贵，其无甚关联之材料似不必多多益善。

以上略举数端耳，其浮词固不只此。凡谈故训，当以条理为先，发明为要，并不贵乎罗列群书，多所抄写。如苟以抄写为能，则取《说文本书》、《尔雅义疏》、《广雅释诂》、《说文通训定声》、《经籍籑诂》、《骈雅训纂》等，置之架上，可以终身用之无穷。然如"著作"何！阎若璩《潜丘札记》、王念孙《读书杂志》，札记之式楷也。今观其书，何等谨严，有溢词乎？以阎、王诸君之学业，苟不极加制裁，亦何患不能"汗牛充栋"。然彼实有所不屑为也。大凡著述之业，有得则识之，无得则缺之，不烦广抄多写，成其博异。博者非浮滥之谓，若取材极难，而又精慎辨之，理而董之，以成独见，则谓之博。若取材极易，庞杂引用，仅可谓之浮且滥耳。况如《庄子札记》所引采者，诸家庄子注解而外，一部《经籍籑诂》大体具矣。其余稍有引自他籍者，然终不足示解者以博也。或谓余曰，"马先生此书以札记为名，君何必以专家著作之正义衡之"。则答之曰，"果马先生此札记仅备自身修业之资，记者不特不敢致其平议，且将颂为精勤。今马先生竟刊而布之，又示学生以购而习之，又于叙目中施炎炎之词，固以著作自负矣，则记者当然以著述之道待之"。

果以采集众说疏通文义为旨，则于郭氏《庄子集释》、王氏《庄子集解》而外，另作一《庄子集注》可也。果以登录独得为旨，则如王怀祖之体制可也。今上之不为王氏之精审，下之不为笺注之事业，所成者乃一不类之书。意者先生"六书"犹欠钩稽，不能多多发明，势必取材他家。而集注之业，须逐句求之，不若札记体裁，可于疑窦处伸缩任便乎？

次论玄谭。今日浮夸之士，好习佛典，如流行病然。寻其所由，则以佛言圆融，可取而循环其词（Petitio principii），以济词穷，梵名深阻，可取作为城府，文其浅陋。一言蔽之，曰，哗众取宠而已。马先生固非与此等论，记者亦不敢妄诬贤者。然而马先生满篇玄旨，自记者观之，确不免于笼统。夫人同此心，心同此理，庄生旨宰，岂可云与佛绝无近似者。然欲就《庄子内典》求其合，不可不先就内典自身求其分。所谓佛说者，不出一人，不出一时，或来自印度，或出自中国。如愿研其真相，第一，须即各派求其差异；第二，须辨各派之是非；第三，须辨各派变化之迹，及其因果。于此诸端皆曾致力，然后可云精识佛学，然后不妨择出一派，以与《庄子》较其异同，审其非是。否则浑沌言之，曰："庄生某义，佛书某义也。"壹似庄周释迦，异地同心，庄周所言释迦无不契，释迦吐指庄周无不备，如达赖喇嘛之轮转者。不知庄佛之异，断断乎不能解庄佛之同，纵庄佛有其同然，然不知庄佛之异者，无术可得窥见，何者？同之所自出者异也。且泛言佛书，不太无边际乎？今试曰："吾以庄义与欧洲哲学较，差有共同"，恐无人不非笑者。何者？欧洲哲学，不拘一旨，仅有极相反背者，遽以一物视之，必无是处。今佛书固互相为用而不相悖乎？固可视为一物乎？果不能视为一物，因可泛言以与庄议相和乎？

今之谈哲学者，皆以为玄之又玄。其实天地间事，自魍魉魑魅而外，未有玄之又玄者，哲学则实之又实耳。字句必有着落，思想必有边际；必也深切著明，然后可称胜义。如乃词义圆转，放之泛之，称心所之，牵率同之，则文士之结习，非学者之术业。今试为《庄子札记》之总评曰：以效仿魏晋文词论，则先生道诚高矣，然而非所以语哲理也。

先生书中，有自居创获之见，实则攘自他人，而不言所自来者。例如，卷十八，五至八页，释"种有幾……万物皆出于机，皆入于机"一节，所有胜义，皆取自胡适之先生《中国哲学史大纲》第九篇第一章七八两页。曰："郭说非，幾读如字。"曰："幾从二幺，幾如大秦言原子。"曰："言生物由水先具，即于水中先生植物……而人物最后成此；与大秦进化之论，大氐符合"（按此句以文义论，极不可通。大秦者，罗马也。进化论者，自达尔文之 *On The Origin of Species* 与 *The Descent of Man*、赫胥黎之 *The manlike Apes* 出，然后确定。其余为此学者亦皆英、德、法人，远与大秦无涉。若以大秦被之全欧，犹如称日本、高丽以支那矣。有是理乎？敢告马君，慎其词也）。曰："三机字皆当作机，此言万物之几化生死复几"……皆胡先生说，特字句不同，又多抄录耳。考前人未有为此说者，胡先生此讲义，印于去冬，马先生《庄子札记》，刊于今夏。同教一堂，不得云未见，见而不言所自来，似为贤者所不取也。

此评作于1月以前，今日之《北京大学日刊》，载有马先生启事云："《庄子札记》现改为《庄子义证》。"

记者前云"可以伸缩任便"者，当然认罪取消。抑马先生以《义证》名书，吾因之有所感想。书名《义证》者，桂未谷之《说文解字义证》为最著名。此书但求容纳，极抄书匠之能事；世人公认其为无意识之作久矣。今马先生步武其名，读者恐以为从其实也。

傅斯年附识
十二月三日

《论理学讲义》

蒋维乔　译

这本书的本身，并没有什么可以评论的。我也不愿把它再看一遍，仔细考较一番。但是我对于这书，有许多感想，顺便写出几条来，请大家想想。

有个很肯求学，也有思想，却不懂外国文的人，对我说道，"论理学根本没有用处"。我觉着很诧异，问他，"何以见得"。他说"你看蒋维乔《论理学讲义》上界说道，'论理学者，研究思想形式上法则之科学也。'他这话定然是从西洋弄来的。西洋的论理学，想来大概也不过这样。我很觉着可疑：要是拿它来解释思想的自然，请问什么叫做'形式法则？'要是拿它来应用，请问我们日用生活，能时时刻刻画圆圈，想着那些AEIO和那些Barbara Celarent……吗？"我听了这话，心里顿然起了许多意思。便回答道，"你这话极有思想。就是Dr. Schiller一部五百页批评形式逻辑的书，也不过你这几句话扩充起来。但是西洋的逻辑，并不尽是这样无聊；你却不可因为蒋君的书不好，一概抹杀了"。

我以为纠正中国人荒谬的思想，最好是介绍西洋逻辑思想到中国来。因为逻辑一种学问，原是第一流思想家创造出来，是一切学问的基本，是整理学问的利器。现在的中国思想界，只是空泛乱杂，没有一点道理可讲的，要是能够介绍逻辑进来，比较一下，顿然显得惭愧的很，也就不觉的纠正许多了。但是被这些人，挑选了顶支离，顶无理性、顶没用的进来，大家见了失望，可要把逻辑的门面弄坏了。我们再想介绍，费了许多唇舌，人家依然是将信将疑的。就此而论，著作是要谨慎啊！

我把制作逻辑书籍的等级，说个大概罢。要是想做部《真逻辑》、《真出版物》、《真现日的出版物》，总应晓得John Dewey和F. C. S. Schiller等《实验态度的逻辑》（Logic in The Pragmatic Attitude）。因为这是逻辑界最近最精的出产品，这是自从亚里士多德以来最切实的逻辑，这是近代思潮进化的结果。要是不晓得这个，就难得谈论理学。如果说，这不过是一派的学说，不必然人人从他，那么也可以别从一派，借着逻辑谈谈知理论，也是很有道理、很有趣味的事情。如果说，这仍然不过是一派，我们不必偏重一派，那么可以从苏格拉底的概念论以来，谈谈各种的Logics，就可悟出逻辑的根本大法，引得我们自然上哲学上去。如果说，通常论理学上不必这样高深，那么仅可以把逻辑讲成"辩学"，专就日用生活，一切言谈思想上著笔，也是很有用处的。如果必脱不了遗传逻辑（Traditional Logic即形式逻辑Formal Logic）的性质，也应当把道理说得极明白，不教人感觉麻木不仁，并且加上许多练习，教人可以应用，才中形式逻辑的"壳"。如果说，仅仅给初学做的，那么更要有精神，使得初学的人读来之后，但觉得怡然理顺"，全不觉得气闷，才算有用处。现在请问蒋君这本《论理学讲义》，是上来说的那一格里头的？说是部专门著作吗？我想蒋君也不便答应道，"是"。说是部教科书吗？却没有一个练习题，就譬如数学教科书没有演题一个样。说是为教员用的吗？弄得词意干枯看不透彻，是书后Summary的体裁。

说是为学生用的吗？学生看见这种Summary如何领会？再加上那些黑白圈圈，AEIO的大字母，AAA，EAE……许多个，闹不清楚，看的人只觉得麻木干燥，那里还有工夫理会他的道理去。这样看来，这部书是部无感觉、无意义、无理性的书。

然而这是部里审定的师范学校用书！这是风行的论理教科书！我见过几个师范学校，都用它教授的。难为教员怎样教？学生怎样听来？咳！

老实说罢，这部书还是我在几年前看过两遍的；我现在很不愿意买来再看一遍。既然觉着根本不是这样做法。也就不必一条一条的，一面看着，一面批评了，直论体裁就完了。我还记得那他荒唐材料里，引用"吴王愁"一个古代童谣。拿这样不逻辑的东西讲逻辑，我想自从亚里士多德以来没有过！

我写到这里，忽然觉得错了。他本是自日本陈书里翻译来的，我为何安在他身上！不仍旧是拿"著作者"待他吗？

（原载1919年1月1日《新潮》第一卷第一号）

故书新评

　　我们杂志的第一号里，曾有过这"故书新评"一栏。一般读者对这一栏的意见很不同：有的人很欢迎；有的人以为《新潮》里不必有它。为这缘故，我有两层意思要说明：

　　（1）我以为中国人读故书实在是件不急的事：因为披沙拣金是件不容易的事。所以照真正道理说起来，应当先研究西洋的有系统的学问，等到会使唤求学问的方法了，然后不妨分点余力，去读旧书。只可惜这件事很不容易办到。一般的人对于故书，总有非常的爱情，总不肯稍须放后些。所以不得不"因利乘便"，就读故书的方法讨论一番了。

　　（2）我做这《故书新评》并不是就一部旧书的本身批评，只是取一部旧书来，借题发挥，讨论读故书的方法。简捷说来，不是做"提要"，是做"读书入门"。倘若照着一部旧书的本身仔细考索起来，我们杂志岂不要变成"旧潮"了吗？

宋朱熹的《诗经集传》和《诗序辨》

这两部书很被清代汉学家的攻击——其实朱子同时的人，早已有许多争论了。——许多人认他做全无价值的"杜撰"书。但是据我看来，他实在比毛公的传，郑君的笺，高出几百倍。就是后人的重要著作，像陈启源的《毛诗稽古编》、陈奂的《毛诗传疏》、马瑞辰的《毛诗传笺通释》，虽然考证算胜场了，见识仍然是固陋的很，远敌不上朱晦庵。我且分成三个问题，逐条回答。

（1）《诗经》里的"诗"究竟是什么

后来的学者，都说它是孔子删定的"经"，其中"有道在焉"，决不是"玩物丧志"的。其实这话非特迂腐的可笑，并且就诗的本文而论，也断断讲不通。所以必须先把诗叙根本推翻，然后"诗"的真义可见；必须先认定"诗"是文学，不是道学，然后"诗"的真价值可说。孔子在《论语》上论诗的话非常明白，决非毛公以下的学究口中的话。现在就用他的话，证明诗的性质。

"'唐棣之华，偏其反而。岂不尔思，室是远尔'。子曰：'未之思也，夫何远之有'"？这是孔子删去的诗。孔子所以删去它的缘故，正为它说的不通，没有文学的意味。从此可见孔子删定的标准，止靠着文学上的价值。拿这章诗和《卫风》的《河广》来比，这章诗是无味的。那章诗是有味的（那章诗的本文是"谁谓河广，曾不容刀；谁谓宋远，曾不崇朝"）。因而去此存彼。

　　"尝独立，鲤趋而过庭曰：'学诗乎？'对曰：'未也。''不学诗，无以言。'鲤退而学诗。他日，又独立，鲤趋而过庭，曰，'学礼乎？'对曰，'未也。''不学礼，无以立。'鲤退而学礼"。此节把诗、礼两事分得清楚。诗是文学，所以学了诗，语言会好的：有个雅驯的风度，去了那些粗浮固陋的口气了。礼是治身的仪节，所以学了礼，行事才有可方。道学先生讲的诗正是孔子说的礼。

　　"子曰：'兴于诗，立于礼，成于乐。'"照这一节看来，可以见得孔子的教育，很注重美感的培养。诗是文学，所以能兴发感情。若如道学家的意思，不应当说"兴于诗"。应当说"立于诗"了。

　　"子曰：'诵诗三百，授之以政，不达，使于四方，不能专对，虽多，亦奚以为？'"这节里说从政，是因为《诗经》里的《雅》多半说当日的政治和风俗，从政必须知道当日的情形，才可以"达"，所以孔子有这话，并不是学了诗然后"心正意诚，可以从政"。至于"专对"一说，同上面说的"无以言"一样。当日使命往来，总要语言讲究，所以有了文学的培养，才可以做"行人"。

　　"子曰：'诗，可以兴，可以观，可以群，可以怨。迩之事父，远之事君。多识于草木鸟兽之名。'"所谓"兴"、"观"、"群"、"怨"，都是感情上的名词、文学上的事件。至于事父、事君两句，大可为道学先生所藉口。但是仔细想来，孔子说这两句话，不过是把文学的感化力说重了（emphasized）。其意若曰，有了诗的培养，才可以性情发展的得宜，一切行事，都见出效用来，和那些"夫妇之道，人伦之始"的说话，是不相干的。

　　就以上的证据，可以断定诗的作用只是文学一件事。胡适之先生的《中国哲学史大纲》里有一段说："孔子是一个有文学眼光的人。他选那部《诗经》，替人类保存了三百篇极古的绝妙文章。这部书有无上的文学价值，没有丝毫别的用意。不料被后来的腐儒，以为孔子所删存的诗，一定是有腐儒酸气的。所以他们做造诗叙，把那些绝妙的情诗艳歌，都解作道学先生的寓言。如《周南》各篇，本多是痴男怨女、征夫思妇的情诗，那些腐儒却要说是'后妃之德，文王之化'。如《关雎》一篇，本写男女爱情，从无可奈何的单相思到团圆，所以孔子说'乐而不淫，哀而不伤'；腐儒偏要说是'后妃悦乐君子之德，慎固幽深，云云'。文学变成了道学。"这一段话，说得痛快极了。同我的意见完全一致。我还记得去年曾对一位朋友说："孔子独许子贡、子夏可与言诗。子贡是以言语著名的，子夏是以文学著名的。他两个有推此知彼的力量，用到文学上，最能兴发想象，所以可与言诗。若果《诗经》真是道学书，还要让颜渊、闵子骞干去了。"（但是这话很有点酸气）

　　总而言之，诗是文学，可用孔子的话证明，可就诗的本文考得。诗是道学，须得用笺注家的话证明，须得离开诗的文笺，穿凿而得。我们既不便"信口说而悖传记，是末师而非往古"。还是就诗论诗，不牺牲了诗，去服从毛亨、卫宏的说话为是。

（2）《诗经》里的诗对于我们有甚么教训

　　现在虽然断定诗是文学了，但是从古以来的文学，正是多得很，为甚么专来标举《诗经》呢？我自己回答这问题道：正因为《诗经》的文学，在中国的韵文里，古今少有。现在我们想在四、五、七言诗、词、曲等类以外，新造一种自由体的白话诗，很有借重《诗经》的地方。换句话说，《诗经》虽然旧了，然而对于我们还有几条新教训哩！

　　《诗经》对于我们的第一条教训是真实两字。拿《诗经》和《楚辞》比，文章的情趣恰恰相反。《楚辞》里最动人的地方是感想极远，虽然是虚而不实，幻而不真，可也有独到的长处，但是这种奇想的妙用，到了后人手里，愈弄愈糟了。起初是意思奇特，其后是语言奇特，最后是字面奇特；起初仅仅是不自然，结果乃至于无人性。《诗经》里的《国风》、《小雅》，没有一句有奇想的，没有一句不是本地风光的。写景便历历如在目前，写情便事事动人心绪。画工所不能画的，它能写出来。如：

> 蒹葭苍苍，白露为霜。所谓伊人，在水一方。溯洄从之，道阻且长；溯游从之，宛在水中央。
>
> 日之夕矣，羊牛下来。
>
> 或降于河，或饮于池。或寝或讹，尔牧来思。何蓑何笠，或负其餱……麾之以肱，毕来既升。
>
> 手如柔荑，肤如凝脂，领如蝤蛴，齿如瓠犀，螓首蛾眉。巧笑倩兮，美目盼兮。
>
> 淇水在右，泉源在左。巧笑之瑳，佩玉之傩。

又有"声情兼至"，真是"移我情"的，如：

> 女曰"鸡鸣"，士曰"昧旦"。"子兴视夜，明星有烂"。
>
> 风雨潇潇，鸡鸣胶胶。
>
> 萧萧马鸣，悠悠旆旌。
>
> 燕燕于飞，参差其羽。之子于归，远送于野。瞻望弗及，泣涕如雨。
>
> 鹳鸣于垤，妇叹于室。洒扫穹窒，我征聿至。

又有情事逼真，我们一想便堕落到里头的，如：

> 夏之日，冬之夜，百岁之后，归于其居。
>
> 其新孔嘉，其旧如之何？

谁谓荼苦，其甘如荠。宴尔新婚，如兄如弟。毋逝我梁，毋发我笱。我躬不阅，遑恤我后。

采采卷耳，不盈顷筐。嗟我怀人，置彼周行。

微我无酒，以敖以游。……薄言往诉，逢彼之怒。……忧心悄悄，愠于群小。觏闵既多，受侮不少。静言思之，寤辟有摽。

昔我往矣，杨柳依依，今我来思，雨雪霏霏。

死生契阔，与子成说。执子之手，与子偕老。

有洸有溃，既诒我肆。不念昔者，伊余来墍。

彼黍离离，彼稷之苗。行迈靡靡，中心摇摇。知我者，谓我心忧；不知我者，谓我何求。悠悠苍天，此何人哉？

诸如此类的例，举不胜举。大雅和颂，因为被体裁所限制，应当另论外，若《国风》、《小雅》里的诗，没有一句不是真景、真情、真趣，没有一句是做作的文章。为着这样的真实，所以绝对的自然，为着绝对的自然，所以虽然到了现在，已经隔了两千多年，仍然是活泼泼的，翻开一读，顿时和我们的心思同化。文人做诗，每每带上几分做作气，情景是字面上的情景，趣味是他专有的趣味。所以就在当时，也只得说是假文学。《诗经》的文章，有三种独到的地方：一、普遍；二、永久；三、情深言浅。这都是自然的结果。我们把《楚辞》和它对照一看，《离骚》里千言万语，上天下地，终不如《诗经》里的三言两语能够丰满啊！

《诗经》对于我们的第二条教训是朴素无饰。一句话，（Primitive）文学到了文人手里，每每要走左道。所以初民的文学，传到现在的社会里，仍然占据文学界的一大部。《诗经》的《国风》、《小雅》既不是文人作的，又不是文化大备的时代作的，所以只有天趣，不见人工；是裸体的美人，不是"委委佗佗，如山如河"的"不淑"夫人。例如：

七月流火，九月授衣。春日载阳，有鸣仓庚。女执懿筐，遵彼微行，爰求柔桑。春日迟迟，采蘩祁祁。女心伤悲，殆及公子同归。

五月斯螽动股，六月莎鸡振羽，七月在野，八月在宇，九月在户，十月蟋蟀入我床下。穹窒熏鼠，塞向墐户。嗟我妇子，曰为改岁，入此室处。

二之日凿冰冲冲，三之日纳于凌阴，四之日其蚤，献羔祭酒。九月肃霜，十月涤场。朋酒斯飨，曰杀羔羊。跻彼公堂，称彼兕觥，万寿无疆。

自伯之东，首如飞蓬。岂无膏沐，谁适为容？

《七月》一篇，真是绝妙的"农歌"。此外的文章，也是篇篇有初民的意味——质直、朴素，因而逼真。即如《褰裳》的头一章说："子惠思我，褰裳涉溱。子不我思，岂无他人？狂童之狂也且！"可以说是鄙污极了。但是揣想那话的情景，止欢喜它的逼真，活灵活现，忘了它的鄙污了。后人做诗，意思尽管极好，文章尽管很修饰，情气每每免不了一个游字。《诗经》里全没有巧言妙语，都是极寻常的话，惟其都是极寻常的话，所以总有极不寻常的价值。Chaucer的*Tales*到了现在，还给一般人做师资，只因为是初民的（Primitive）文学。《诗经》对于我们的教训，也是如此。

《诗经》对于我们的第三教训是体裁简单。文章里最讨厌的毛病，是滔滔刺刺，说个不休。后来的赋家，是不消说的，很犯这病了。就是五七言的诗家、词家、曲家，也多半专求尽量的发泄，不知道少说比多说更有效。《诗经》的诗，除去《大雅》和《颂》有点铺张外，其余都合最简单的体裁。须知天地间的文章，最怕的是说尽了；最可爱的是作者给读者以极少的话头，却使读者生无限的感想。换句话说来，作者不把他的情景全盘托出，却使读者自己感悟去。《小雅》、《国风》没有多说的话，因而结构没有松散的，因而没有没含蓄的，因而没有缺少言外的意境的。作者不全盘托出，就是使读者完全陷入。这是《诗经》里惟一的文学手段。

《诗经》对于我们的第四条教训是音节的自然调和。做诗断离不了音节，全没音节便是散文。但是这音节一桩事，颇不容易讲。律诗重音节了，只是它那音节，全是背了天真，矫揉造作而成的"声病"。《诗经》里的体裁，真可说是自由诗。然而音节的讲究，还比律诗更觉自然，更觉精致。押韵的方法不限一格；句里又有声韵的组织。双声叠韵的字，上下互相勾连，成就了"一片宫商"。总而言之，《诗经》里的诗，体裁是自由的，押韵法是参差不齐的，句里边都是有声韵的组织的。这样又自由又精致的音节，是我们做白话诗的榜样（孔巽轩先生的《诗声类》，讲《诗经》的韵法很详；钱晓徵先生的《养新录》里，也有一段，论《诗经》里音节的组织的，都可参看；今人丁以此先生的《毛诗正韵》，我曾经见过稿本，实在是讲诗声最详最完的书）。

以上的四条，不过一时偶尔想到，顺便写了下来。其实《诗经》对于我们的教训，还不只此。约略来说，《诗经》可分两大项：一项是《国风》、《小雅》，一项是《大雅》、《颂》。后一项是后来庙堂文学的起源，我们对它不能得甚么有益的教训。至于前一项，是二千年前的自由体白话诗，不特用白话做质料，并且用白话做精神；不特体裁自由，思想、情趣、意旨等项，也无一不自由。我们有这样的模范白话诗，当然要分点工夫，研究一番了。

（3）为甚么单要举出朱晦庵的《诗经集传》和《诗序辨》

朱晦庵的这两部书，在清代一般汉学家的眼光里，竟是一文不值了；其实这是很不公允的见解。据我个人偏陋之见，关于《诗经》

的著作，还没有超过他的。先就训诂而论，训诂固然不是这部集传的特长。但是世人以为训诂最当的《毛传》，也不见有什么好处：如"施，移也"；"济济，难也"；"京，大也"；真个不通极了。后人不明白他的意思，"从而为之辞"，说他是说文字的本训。他明明白白是做《诗经》的注，偏牵连到文字的本训上，弄得意思愈加不明白了。算甚么营生呢？又如"履帝武敏歆"一句，《毛传》的穿凿，可谓达于极点了。平情而论，毛公只是个冬烘先生，幸而生的较早些，因而粗略记得几个故训；这可谓生逢其时的人，他自己何曾有深密的学问。后人说他和《左传》、《周礼》互相发明，其实《左传》、《周礼》是伪经，他和它们互相发明，更见其不安了。况且小序尚是卫宏做的，《后汉书》上有明文，故训传也就可想了。还不知道是真是假呢。郑康成的笺，实在比故训传好些。凡是笺传不同的地方，总是笺是传非。现在举一个例：《豳·七月》说"女心伤悲，殆及公子同归"。传说，"尔公子躬率其民，同时出，同时归也"。笺说，"悲则始有与公子同归之志，欲嫁焉"。这真比《毛传》通多了。我平日尝玩笑着说："郑康成免不了几分学究气，还不至于像小毛公的冬烘气象。"《正义》一部书更是不足道的。每逢传笺反背的地方，他先替传说话，再替笺说话，自己和自己打架。这简直是明朝的大全，清朝的高头讲章了。宋朝人关于《诗经》的著作，零碎的多。训诂一层，除朱子的《集传》外，其他是全无所得的。清朝人对于《诗经》训诂，很有些整理发明的功劳。散见的不必说了，即以专书而论，《毛诗稽古篇》、《毛诗传笺通释》、《毛诗传疏》全是重要著作。但是这些著作都是依附着荒谬的《诗序》而作的，都有点"根本错谬"的毛病，所以一经讲起礼，谈起故，论到"诗人之义"来，便刺刺不休的胡说一片。朱子这本《集传》，在训诂上虽然不免粗疏，却少有"根本误谬"的毛病。他既把小序推翻了，因而故训一方面也就着实点儿，不穿凿了。况且朱子在宋儒中，原是学问极博的一个人。他那训诂，原不是抄袭来的，尽多很确当的地方。就是反对他的戴东原，注起诗来，还不能不引用他呢。还有一层，我们读《诗经》，无非体会他的文章，供我们的参考，那里有整工夫去"三年而通一艺"的办呢？所以那些繁重的训诂，大可以不闻不问，还是以速议为是。朱子这部书，虽然不精博，却还简单啊！

至于诗义一层，朱子这两部书真可自豪了。朱子是推翻诗序的。他推翻诗序的法子，只以《诗经》的本文证他的不通。这真可谓卓识了。诗序上的高子，就是孟子所说的"固哉高叟"。诗序从这种人的徒子徒孙做出来，还能要得吗？所以《关雎》等篇必定加上后妃，真个附会迂腐的可笑。后妃是谁，谁也说不清楚，至于"淑女"，更难定了。郑康成竟然硬把太姒安上，章太炎先生又异想天开的说，"文王与纣之事也。后妃淑女，非鬼侯女莫之任"。更曲喻穿凿了一大篇，读者不曾看完，必要发笑的。然而这事不能怪太炎，都是诗序上妄加后妃二字，勾引出来的。总而言之，诗序的大毛病，是迂腐、穿凿、附会、妄引典礼、杜撰事实。"正心"、"诚意"、"修齐治平"（这几个名词虽然不是汉儒所重，但是毛诗已有这气象）的道气，已经很重了，所以自他而降，讲诗的人，都不免有"先生帽子高"的气象。和毛诗同时或者较前的鲁、韩两家，都是道学派的诗。《韩诗外传》有很多的道气，齐诗、翼氏诸家，弄上些五行谶纬，道气变而为妖气，成了方士派的诗学（这都本胡适之先生的话；道学、方士两个名字，也是胡先生造的）。宋元人讲诗，都是学道派，其中还有几家，把诗论政，大讲起功利主义的，尤其可笑。就是王柏疑诗，也还是道气重的紧。他敢于删诗，固算有强毅的魄力了，然而他所以疑诗的缘故，仍是道学先生恨情诗的心理，所以要删郑卫。只有章如愚的见解是极透彻的。他说："正使学者深维其义，而后可以自得。诗人之义，不若《春秋》、《易》之微。学者能深思之，不待序而自知。"这真透彻极了。程伯子是个聪明不过的人，对于《诗经》很有些远妙的见境。他虽然说诗序是国史做的，我们却可翻过来借他这话证明诗序的不可靠。因为他说，若"不是国史做的，孔子又如何凭空做出来"（这话的原文忘了，意思确是如此）。朱子这部《集传》也还有几分道气，但是它的特长是：

（1）拿诗的本文讲诗的本文，不拿反背诗本文的诗序讲诗的本文。

（2）很能阙疑，不把不相干的事实牵合去。

（3）敢说明某某是淫奔诗。

就这几项而论，真是难能可贵了。虽然他还有他的大缺点，但是总算此善于彼的。他虽不曾到了"文学的诗"的境界，却也在道学的诗派中，可称最妥当的，实在是有判断、有见识、能分析、能排众议的著作（朱子这两部书，很被当时人和后人攻击）。现在我把他解一番，奉请读者诸君：（1）学他的敢于推翻千余年古义的精神；（2）学他敢于称心所好，不顾世论的魄力；（3）再把《诗经》的研究更进一步，发明文学主义的《诗经》。

这篇文章写完之后，忽然想起《诗经》的诗，只有一种最大的长处，就是能使用文学的正义。文学的至高用处，只是形状人生，因而动起人的感情，去改造生活；决不是丧志的玩物。《诗经》里的哀怨之词，虽然出在劳夫怨妇的口里，却含有许多哲义。这种"不平之鸣"、天地间的至文，都如此的。所以《诗经》（专指《国风》《小雅》）的文学主义比它的文学手段更是重要，可惜我为篇幅所限，现在不能畅畅快快说了。

清代学问的门径书几种

　　清朝一代的学问，有许多的派别，我想合起来替它造个称呼，却是办不到。称它做汉学吧，是不通的；称它做朴学吧，是不概括的。必不得已，还是统而言之，用个不逻辑的"清代学问"称它。这不过是作个标识。这一派的先锋，像王应麟诸君，并不是清代人。就是顾宁人、王而农、李二曲等等，说他是清朝人，未免冤他太甚。这个名称正是俗话说的，"呼牛而牛，呼马而马"。若是"顾名思义"起来，便大错了。

　　我以为清朝一代的学问，只是宋明学问的反动，很像西洋Renaissance时代的学问，正对着中世的学问而发。虽说是个新生命，其实复古的精神很大。所以我平日称它做"中国的文艺复兴时代"。但是这个名词不能通行，我现在只好仍用"清代学问"四字了。

　　清代学问是中国思想最后的出产品。在汉朝以后，出产的各种学问中，算是最切实最有条理的。想明白它的精神的所在，不可不先观察它和前于它的学问的根本差别。这差别不必就它的本身追求。只看影响它的原动力，就可知道个大概：因为一种学派的命运，大体上总是影响它的原动力所决定；甲学问和乙学问的不同，都由于它们的原动力不同。晚周的学问有两种原动力：第一是历史，第二是粗浅的自然科学。这两种原动力是使晚周学问所以为晚周学问的，是使晚周学问所以不和宋明学问相似的。宋朝学问的原动力是佛、道两宗。谈起心性来，总是逃禅；谈起道体来，必要篡道。我平日常想：假使唐朝一代的学者，能在科学上研究得有些粗浅条理，宋朝的学问必定受它的影响，另是一番面目。无如唐朝的学问太不成东西了，宋人无从取材，只好逃禅篡道去。所以整天讲心，却不能创出个有系统的心理学；整天说德，却不能创个有系统的伦理学。程伯子的天资，朱晦翁的学问，实在是古今少有的。

但是所成就的，也不过"如风如影"的观念，东一堆西一堆的零杂话。这都由于先于它的学者，不能在科学上有点成就，供给与它，因而它走了错道了。至于影响清代学问的原动力，不消说得是经籍的古训了。何以经籍的古训能引起清代的学问呢？这是宋明学问的反动了，我们可把戴东原的话作证：

"以理为学，以道为统，以心为宗；探之茫茫，索之冥冥，不若反求诸六经"。宋朝的学问，在周濂溪、程伯子手里，已经有许多不着边涯的说话，以后愈闹愈甚，直到明末，心学普遍天下，直弄得遍天下皆是自负的圣贤。所以清朝的学问恰是针锋相对的发出。有明末的空洞心学，便有清儒的注重故训；有明朝士流的虚伪浅妄气，便有清儒的实事求是；有明末的束书不读，便有清儒的繁琐学问；有明末的不讲治事，便有清儒的专求实用（顾、颜、黄、李都如此）。宋明的学问是主观的，清代的学问是客观的；宋明的学问是演绎的，清代的学问是归纳的；宋明的学问是悟的，清代的学问是证的；宋明的学问是理想的，清代的学问是经验的；宋明的学问是独断的，清代的学问是怀疑的。就这方法上而论，彼此竟是截然不同，所以彼此的主义，竟是完全的相左。仔细看来，清代的学问，很有点科学的意味，用的都是科学的方法，不过西洋人曾经用在窥探自然界上，我们的先辈曾经用在整理古事物上。彼此所研究的不同，虽然方法近似，也就不能得近似的效果了。平情而论，西洋文化进化的步次，虽然和中国的不尽相同，大致说来，还有近似的地方。西洋的中世纪，作学问的人，何尝不是"以理为学，以道为统，以心为宗，探之茫茫，索之冥冥"呢。科学家对着这个造反，恰似我们中国的朴学家对着宋学开衅。又如戴东原的理解，只是实地考索，不凭虑思，照着人的性情，导引到好方向去；"去蔽"而"止善"；"各得其情，各遂其欲，勿悖于道义"，而"不主静以为体，穷理以失用"。这层道理，恰似西洋近代的学者，反对当年极有势力的智慧主义。这不是我好为影响附会的话。实在由于同出进化的道路，不容不有相近的踪迹了。但是有一件可惜的事，就是西洋Renaissance时代的学者，求的是真理；中国的"文艺复兴"时代的学者，求的是孔二先生、孟老爹爹的真话。他未尝不是要求真理，只是他误以孔二先生、孟老爹爹当做真理了，所以他要求诸六经，而不要求诸万事万物。宋儒明明白白是做自己的学问，偏说直接孔孟的心传；清儒明明白白是做自己的学问，偏说独合六经之正义。若是把这偶像打破，彼此明目张胆的争真是真非，可以省去许多无谓的辩论，而且争论的结果总要有益的多。然而竟自不能，真可惜了！

至于我所谓清代学问的范围，只以四派为限。第一是朴学派。这派是清代学问里最大的一派。通常都称它做汉学派，着实不通的很。宋学对于汉学，只有进化；清学对于宋学，只有进化；清朝的汉学家和汉朝的学者决不是一流人，研究学问的方法，也截然不同。第二是今文学派，就是从孔广森、庄存与到康有为的一派。第三是理学派。这派里只包颜习斋、李刚主等两三人。第四是浙东学派。这派里有黄梨洲、万氏兄弟、全谢山、章实斋等。他如王船山、陈兰甫诸君虽然不能算浙东学派，可是就学问的性质上分来，有非常相同之点，很当以类相从，归成一派。此外的派别就不算数了。至于就时期而论，又可分做五期，第一期称它做胚胎期，从王应麟到焦竑，一般朴学的先进，都归在里头（这在清朝以前）。第二期称它做发展期，从顾亭林到江慎修的时代。第三期称它做极盛期，就是钱晓徵、戴东原、段懋堂、王怀祖的时代。第四期称它做再变期，就是从孔众仲到俞曲园的时代（曲园虽是朴学家，主义上却很受今文学派的影响）。第五期称它做结束期。这一期的代表，只有康有为和章太炎先生两人（康有为原是个不足齿的骗子，近来的议论行事，又如此狂谬，读者诸君或以我举他为疑，不知我只就他在戊戌以前所做的学问论他，但问他在清末学问上的位置，戊戌以后不问他了。至于章先生，也是过去的人物。好在我这篇文章里所论的尽是过去，读者诸君当不至于误会）。这都是中国的学艺再兴时代的各阶级。前三期是遵着一条线而行的；第四期是前三期的反动；朴学派的发达已经极圆满了，大家觉着它难以复加，又觉着它烦琐无用的可厌，所以才能别开一条道路。第五期是结束第二、第三两期的：太炎先生结束第三期，康有为结束第四期。我以为这一时期非常有关系，中国人的思想到了这时期，已经把"孔子即真理"一条信条摇动了，已经临于绝境，必须有急转直下的趋向了。古文学、今文学已经成就了精密的系统，不能有大体的增加了，又当西洋学问渐渐入中国，相逢之下，此消彼长的时机已熟了，所以这个时期竟可说是中国近代文化转移的枢纽。这个以前，是中国的学艺复兴时代，这个以后，便要说是中国的学艺再兴时代。国粹派的主义，当然从此告终。自此以后，必不再会有第一二流的国粹派的学问家。

清代学问的精神，可分做消极、积极两方面说。消极的方面是怀疑。这怀疑恰成一串，疑宋儒（顾亭林、毛西河、胡朏明等）、疑伪古文（阎百诗、惠定宇等疑伪孔，于是乎把魏晋六朝唐人学问上的权威推翻了）、疑古文（今文学派皆然，尤以康有为为最备）、疑今文（太炎先生），结果便疑孔子，于是乎百家平等了［推翻孔子的权威，嘉庆间才有个端绪。汪中《述学》里已把孔子、墨子同等看待（见《墨子后序》），张皋文又替《墨经》做注，章实斋又说孔子不曾集大成。康有为虽是尊孔子，其实他证明白许多经是伪的，便不知不觉的去了孔子的一大部分作用。他又说孔子改制托古，直不啻说孔子曾经作假，我们不可尽信经，章先生现在虽然尊崇孔子，当年破除孔子的力量，非常之大］，于是乎容纳印度化、西洋化了（太炎虽反对欧化，却崇拜印度化）。积极的方面是本着亲历实验的态度，用着归纳的方法，取得无数的材料，翻来覆去，仔细考索，求异求同——这真是条好教训。至于清朝学问的意义，引到人生上，便给我们三大教训：第一是求知，因为知识培养心意（朴学家的作用，只是求知。戴东原说，学问养其心知）；第二是求实用（这是颜、李一派）；第三是求实用（这是今文学派主义）。这三项虽然各不相同，在说者也不曾充分的发挥，还夹着许多毛病。然而就大体论来，却是都有极深意义的话。

如此看来，清代学问在中国历朝的各派学问中，竟是比较的最可信、最有条理的。一般的中国人，既然不肯尽把中国的学问完全搁起来，那么与其做文选派的文、江西派的诗、梦窗派的词、方士派的理学，还不如粗略研究研究清朝学问，比较的近于科学，比较的有益少害啊！所以记者现在就举出几部清朝学问的门径书给读者。

（1）《汉学师承记》　　江藩作的

（2）《汉学商兑》　　　方东树作的

（3）《东塾读书记》　　陈澧作的

读者诸君或者以为我举出这三部，未免太无道理。因为这三部书的本身，没有价值可说，像方东树一种人，又是天下绝无仅有的妄人。但是列举清代学问的门径书，非常困难。最要最精的著作，在作者是终生的事业，在读者却困难的非常，所以现在断不便举专门的名著，只得降格相求，举出这三种三四等以下的书。《汉学师承记》一书，有几条很显著的毛病：第一，江是扬州老，地方观念太重，所以许多"吴下阿蒙"都澜进来了；第二，每每有很谬的议论，既媚清朝，又祖吴派；第三，材料的去取太不精，缺漏的太多，可删的也不少。但是虽如此说，却寻不到代替它的书。阮芸台的《儒林传》既不易得，所载的人又太少，读起来又太无滋味，所以记载清代朴学家的事迹和求学方法的书，还是只有他这一部，可作门径之用。《汉学商兑》一书究是"泥中斗兽"的把戏，胡闹的争论，着实可笑。但是他把一般汉学家的根本议论都集在一块，对于我们却非常便利，可以免去初学的人东寻西找的劳苦。我们这样因利乘便的用它，真是方氏所梦想不到的了。至于方氏自己的议论，也不是全无可取：他的学问还算略有根底，思想也不尽浑沌。所以尽管诞妄的地方很多，也尽有说到朴学缺陷的地方。我们把他据以驳骂的话，和他自己的话，仔细比较一番，或者可以得个对于宋学、清学的明了观念。《东塾读书记》一部书，直是"合古今，杂汉宋"的。说它好，它便是不拘门户之见；说它坏，它便是不成统系。陈兰甫的根本观念，差不多是"义理皆在文字中"。更进一层，可说是"汉学即宋学，宋学即汉学，郑康成即朱元晦，朱元晦即郑康成"。这种见解固然不免糊涂，但是清朝的学问，到了咸丰、同治的时代，把乾嘉年间的狭隘门户见解脱去，也是当然的一个阶级。这部书也有独到的地方，辟如说《易》，他称许王弼易，匪薄虞氏易，是很通达公平的说话，绝不是偏浅的"汉学家"所能做到的。我们可以就这一部书的基本意趣上，悟到古今四方的学术，都是演进的状况，都有相成相连的关系。——总而言之，这三部书都是对于初学的人最方便的门径。

第二步的门径书，我再举出几种：

顾炎武的《日知录》（这部书和《养新录》看来好像零碎，其实清代朴学的方法和精神，都可在里边见得）

阎若璩的《尚书古文疏证》（这部书可当做清朝学问的方法论读）

黄宗羲的《明夷待访录》（这部书也是对着宋明思想革命的。清朝一代的政治理想，还算此书最高超）

戴望的《颜氏学记》

钱大昕的《养新录》

戴震的《孟子字义疏证》和《原善》

汪中的《述学》

孔广森的《春秋公羊通义》

章学诚的《文史通义》

　　俞樾的《古书疑义举例》

　　康有为的《孔子改制考》和《新学伪经考》

　　章炳麟的《检论》

　　以上的十几种书，为初学者言，可说是入门之用，但是就它们的本身而论，也是非常有价值，不仅是门径书而止。学者从此研究去，必能得正当的道路。

　　我希望有人在清代的朴学上用功夫，并不是怀着甚么国粹主义，也不是误认朴学可和科学并等，是觉着有几种事业，非借朴学家的方法和精神做不来，这事业就是——

　　（1）整理中国历史上的一切学问，中国学问不论哪一派，现在都在不曾整理状态之下，必须加一番整理。有条贯了，才可给大家晓得研究。

　　（2）清朝人的第一大发明是文字学，至于中国的言语学，不过有个萌芽，还不能有详密的条理。若是继续研究下去，竟把中国语言的起源演变发明了，也是件痛快事。

　　（3）中国古代的社会学正待发明。

　　以上的三种事业，必须用清朴学家的精神才能成功。但是若直用朴学家的方法，不问西洋人的研究学问法，仍然是一无是处，仍不能得结果。所以现在的学者，断不容有丝毫"抱残守缺"的意味了。

（原载1919年4月1日《新潮》第一卷第四号）

故书新评

《史记志疑》三十六卷

清　梁玉绳撰

世之非难此书者，恒以为疑所不当疑。自我观之，与其过而信之也，毋宁过而疑之。

中国人之通病，在乎信所不当信，此书独能疑所不当疑。无论所疑诸端，条理毕张，即此敢于疑古之精神，已可以作范后昆矣。

读者以吾言为过乎，则请详其说。中国学术，壅塞无过唐代。唐代所以独敝者，实缘拘泥成说，信守师法，五经正义之论，"例不破注"，直类清朝高头讲章耳。赵啖《春秋》之妄，韩李《论语》之陋，虽不可以为是，而自信之风，已启其端。宋代学术再兴，则以此精神为之本也。《老学菴笔记》云："唐及国初学者，不敢议孔安国、郑康成，况圣人乎？自庆历后，诸儒发明经旨，非前人所及。然排《系辞》，毁《周礼》，疑《孟子》，讥《书》之《胤征》、《顾命》，黜《诗》之序，不难于议经，况传注乎？"嗟乎，陆游、王应麟以此致憾，不解宋庆历后，诸儒发明经旨，所以非前人所及者，正赖不难疑经之精神，树其本也！论诗至王安石，可谓斯文扫地矣。"视尔如翘，贻我握椒"之解，难为他说得出来。然安石不云乎，"原欲变学究为秀才，不想变秀才为学究"。王氏五经说之作，正教人敢于自用，虽逾轨物无伤也。宋儒所蔽，在于观察不肯精密，不能为客体的研究。若共疑古之处，正其所以超越汉唐处。再就清代学术而论，顾炎武、阎若璩，皆善于疑古者。毛奇龄辟草莱，斩荆棘，阮元推之，谅矣。降及乾嘉而有古文之学，及于嘉道而有今文之派。凡此所以造诣独深者，皆以变古为其内心，所有发明，乃敢于自信，不轻信古人之效也。于是可知学术之用，始于疑而终于信，不疑无以见信。若《史记志疑》者原非创造之才，独此过疑之精神，诚哉不可没也。姚际恒《古今伪书考》一书，不伪者亦伪之；然较之伪者亦不伪之，度量相越，不可以道里计其短长也。

　　太史公书（从钱晓徵考订名）遭厄最甚，今列举之。迁以直谅之才，不为暴君隐恶。其书在于当年，未能溥行于世。虽曰"藏之名山"，终无补于"书缺简脱"，而又经杨终之受诏删定。褚少孙者，学非通人，"妄言补苴，污秽旧史"。其后增益削改者不一家，以至颠倒错乱，读者淆焉。此一厄也。班固者，宗法子长，如其体制；仅具体而微，未尝"青出于蓝"也。而必掩人之善，炫己之长；其毁子长之言，竟无一语不刺谬者。然而班书行世，司马微矣。此二厄也。汉魏六代学人，于此书未知见重。徐广、裴骃、司马贞、张守节之徒，均非通才，故义多不彰，词每曲解。《汉书》上闻君主，受诏传学，服虔以来，训解昭晰。自此而降，孟坚每多功臣，子长终无"巨子"。此三厄也。师古校《汉书》归其本始，后人窜改，尽加删刈。至于宋明，板本校正，代有其人，本书真面，流传今世。若夫《史记》，则注者既无令善之才，是正词文，而俗子妄人，每加改易。至于今日，竟成断烂不可读之书。此四厄也。宋人射策之学盛，渐有以论时文之法论《史记》者。明人归有光、清人方苞、吴汝纶辈，复就太史公书，圈点涂识。误字则认为笔法，脱简则认为笔法，后人改补矛盾处，则认为寓意。持此方术以论《史记》，下于束高阁者一万等。此五厄也。有此五厄，而《史记》真不成书矣。此《史记志疑》者于矛盾之端，错简之处，增考之迹，诂训之义，皆致其疑。因其疑可见其真。古文家文法之谈，村学究史笔之议，可假此括清之矣。世有愿为子长之学者，刊落妖言，复共朔始，则玉绳之作，其导源也。

是书之长，在于敢于疑古，详于辩证。其短则浮词充盈，有甚无谓者。又见其细不见其大，能逐条疑之，不能括全体为言。盖于《史记》删改之迹，犹不能直探其本也。崔怀琴之《史记探源》视此进一等矣。

《乐府诗集》一百卷

宋　郭茂倩撰

今先置此书本身之价值于不论，论《乐府》之价值。乐府诗歌者，中国最优美文学之一也。盖中国文学中，有二种最有势力，而又最可厌恶之原质，到处发现，而《乐府》之大部（非其全体）幸免焉。斯其所以贵也。其质惟何？一曰，文学为独夫政治之附庸；二曰，文情为字面之客体。世所尊为独贵之文学，皆所谓庙堂之作，易词言之，则为独夫政治之优倡者也。此风气殊不以朝堂制作为限，凡一切文体，恒见被其感化。今任执一家文集观之，有不被此优倡之化者乎？藉曰有之，亦极少也。人妖李商隐颂韩愈《平淮西碑》云，"点窜《尧典》《舜典》字，涂改《清庙》《生民》诗"。如此法则，固世人奉为文章第一流也。夫不曰"点窜《国语》《左传》字"，而曰"点窜《尧典》《舜典》字"！不曰"涂改《蒹葭》《东山》诗"，而曰"涂改《清庙》《生民》诗"（此泛言之不就《平淮西碑》论）。则中国人衡量文学，固以如彼之"堂皇典贵"（此是妄人所谓堂皇典贵，其实但有卑鄙龌龊，何堂皇典贵之有）者，为第一流。如此之文情尽至者，在其下也。《乐府》之郊祀、雅乐，固是"兔园册子"，然清商燕乐，却不被其流化。世所传之乐府歌词，恒为情词备至之妙文章！其不受俳优之化，视"杂体诗"更为能自洁焉。此一长也。堆砌之体，盛于汉赋！自尔以后，一切体裁，几乎无不被其影响者。故文情为字面之附庸，字面为文学之主体，拟诗文于"镂金错采"、"飞青丽白"，则其为"字面主义"（Verbalism）可知矣。乐府诗歌者，或作于不解文书者之手，其无从运用字面主义可知。即文人为之，亦必不解文书者歌之，势必徇俗，专尚情趣；所有雕镂之功，无能为役也。今观《乐府诗集》恒有淫荡鄙陋之言，然但觉其情挚，而不觉其淫鄙，其情真也。文人苦意为诗，恒有旷朗之言，然但觉其情游，而不觉其旷朗，其辞饰也。乐府诗歌者，歌于优倡之口，人于庶民之耳，托体如此，故不受中国文学界恶空气之熏陶也。此二长也，他如辞多长短句，近于语言之自然，又能达客观之情。各类人口吻，皆可肖似，不专状文士心境，皆所以优于杂体诗处。

　　《乐府》价值如此，而《乐府诗集》之价值，亦有可称者。凡所解述评量之语，虽未尽是，搜集要自不易。方之诸史、乐志实超越之，乐学亦当取资，不仅文学而已。

余尝以《乐府诗集》、《宋六十名家词》、《元曲选》三书，为中国文学最要之书。今此类文学体裁，已成往迹，而欲于四、五、七言诗，词、曲而外，别创第六种优美韵文，则此三书之研讨不可缓也。

The Principles of Science,
A Treatise on Logic and Scientific Method
by W. Stanley Jevons.

此书为逻辑书中甚有价值之作。今列其短长如次：

"符识逻辑"（Symbolic Logic）派始创者为Boole，耶方斯则踵其事者也。Boole之术甚繁，耶方斯约以简易。学者览之，较诸Boole所言，易于领会。盖耶方斯所谈Symbol能建一术以驭群法，而Boole则稍嫌凌错，此其进于前修之点也。惟Boole以纯正逻辑为纯正数学Pure Mathematics之副，而耶方斯以纯正数学为纯正逻辑之副。此其绝异之处，得失亦未易定言。

耶方斯在此书中，有一绝大发明，则以演绎归纳，不为二物，不过一事之两面是也。此发明于知识论上极有价值，而培根、弥儿以难为要，重视归纳，轻视演绎之学说，一括破之矣。

此书第二卷所言，多不精，然于逻辑书中谈"数"、"量"、"可然"者，概未若此书详也。又"可然"诸理，独到之处，亦自不少。

此书四卷所言，皆本弥儿《归纳五律》，伸张其旨。弥儿于所著名学系统中，言此五律，未尝不详；然耶方斯尽其细微，取证尤多，供给于科学方法论者诚不少也。

此书到处谈官能之穷，末卷更大伸其词，因而致人短气。盖斯宾塞*First Principles*中所言unknowable与knowable二义，早主宰于其胸中，故时时流露于外。耶方斯治弥儿言，原为Empiricist中途受Evolutionism之影响，折而宣告为斯宾塞之徒。识此则此书中所言，可寻其踪迹，断其于哲学上之位置也。

此书文词芜滥，全无文学制裁。一义三复，虽胜义亦复可厌，况为通常所及知者乎？又散漫不整，约之不过及今之半，而必散为七八百页之书，更无振其纲领之手段，读者昏昏然睡去矣。以耶方斯之专步弥儿者，胡为劣于文词至是！

（原文刊载1919年1月1日《新潮》第一卷第一号）